QUEM SOU EU?

Olá, sou Rubens Alves, conhecido no mundo da tecnologia como Rubão. Desde 2008, venho construindo uma carreira em Engenharia de Software e Dados, mas o cerne da minha paixão é usar a tecnologia e a liderança para transformar realidades. Acredito firmemente que a autopromoção é uma ferramenta essencial para o sucesso, não como um exercício de vaidade, mas como um meio de destacar o impacto real e positivo que podemos ter.

Lidero uma equipe de engenharia de software com um olhar que vai além do código; buscamos criar conexões genuínas com nossos clientes, valorizando a humanidade no tecido da inovação tecnológica. Minha trajetória é marcada por uma paixão por liderança e gestão, sempre com uma visão estratégica e um compromisso com resultados significativos.

Através da minha experiência, aprendi que a autopromoção autêntica é vital para ser reconhecido e para avançar, tanto individualmente quanto coletivamente. Com ética, transparência e empatia como meus pilares, busco inspirar e ser inspirado, promovendo um ambiente onde a excelência é compartilhada e celebrada.

Este livro é um convite para explorar a arte da autopromoção com integridade, mostrando como você pode usar suas conquistas para abrir portas e criar oportunidades, não apenas para si mesmo, mas para todos ao seu redor. Vamos embarcar juntos nesta jornada de descoberta e crescimento.

Sumário

QUEM SOU EU? 0

INTRODUÇÃO 5

   A IMPORTÂNCIA DA INTEGRIDADE AO APRESENTAR O TRABALHO 8

   A NECESSIDADE DE MOSTRAR NOSSO TRABALHO 11

   RECONHECIMENTO E VISIBILIDADE 13

   CONSTRUÇÃO DA MARCA PESSOAL: 14

   FOMENTO À COLABORAÇÃO 16

   AUTOAFIRMAÇÃO E CRESCIMENTO 17

AUTOCONHECIMENTO E VALORIZAÇÃO DO PRÓPRIO TRABALHO 18

   RECONHECENDO O VALOR DO SEU TRABALHO 19

   A DIFERENÇA ENTRE AUTOPROMOÇÃO E ARROGÂNCIA 22

   DICAS PARA UMA AUTOPROMOÇÃO EFICAZ 23

   DESAFIO 24

   COMPLEMENTO A LEITURA 25

COMUNICANDO-SE COM CLAREZA 26

   A IMPORTÂNCIA DA COMUNICAÇÃO CLARA E CONCISA 27

   STORYTELLING NO MUNDO CORPORATIVO: A JORNADA DO HERÓI NAS APRESENTAÇÕES EXECUTIVAS 29

   DESAFIO 60

LIDANDO COM A ANSIEDADE E O MEDO 61

   CONHEÇA OS TEMIDOS SABOTADORES 62

   A MATRIZ DOS SABOTADORES 64

POR QUE OS SABOTADORES SÃO IMPORTANTES NO DESENVOLVIMENTO DA MINHA MARCA PESSOAL?......67

O SABOTADOR CONTROLADOR: LIBERTE-SE DO COMANDO!......69

O SABOTADOR HIPER REALIZADOR: QUANDO "BOM O SUFICIENTE" NÃO É SUFICIENTE......72

O SABOTADOR INQUIETO: QUANDO A INQUIETAÇÃO PODE IMPEDIR O BRILHO......75

O SABOTADOR INSISTENTE: QUANDO A PERSISTÊNCIA SE TORNA UM OBSTÁCULO......77

O SABOTADOR PRESTATIVO: QUANDO AJUDAR SE TORNA UM OBSTÁCULO......79

O SABOTADOR HIPER VIGILANTE: QUANDO A PREOCUPAÇÃO EXCESSIVA SE TORNA UMA BARREIRA 81

O SABOTADOR ESQUIVO: QUANDO A FUGA IMPEDE O RECONHECIMENTO......84

O SABOTADOR VÍTIMA: ABANDONANDO O PAPEL DE COADJUVANTE......86

O SABOTADOR HIPER RACIONAL: QUANDO A LÓGICA SE TORNA UM OBSTÁCULO......88

LIBERTANDO-SE DOS SABOTADORES PARA UMA AUTOPROMOÇÃO EFICIENTE......90

CONSTRUINDO RELACIONAMENTOS AUTÊNTICOS......92

A IMPORTÂNCIA DE CONSTRUIR RELACIONAMENTOS GENUÍNOS NO LOCAL DE TRABALHO......93

NETWORKING: COMPARTILHANDO E APRENDENDO, NÃO COMPETINDO......96

LINKEDIN: A PLATAFORMA DE NETWORKING DIGITAL......99

- NETWORKING NO AMBIENTE DE TRABALHO 103
- A IMPORTÂNCIA DE SER AUTÊNTICO NA COMUNICAÇÃO E RELAÇÕES PROFISSIONAIS 107
- COMPLEMENTO A LEITURA 109
- DESAFIO 110

EVITANDO ARMADILHAS COMUNS 112
- A DIFERENÇA ENTRE DESTACAR SEU TRABALHO E "PUXAR SACO" 113
- A IMPORTÂNCIA DE DAR CRÉDITO QUANDO É DEVIDO 115
- DESAFIO 119

EQUILIBRANDO COMPARTILHAMENTO E DISCRIÇÃO 120
- O QUE É SUPER COMUNICAÇÃO? 121
- COMPARTILHANDO COM INTENÇÃO 124
- A FORÇA DA DISCRIÇÃO 125
- A IMPORTÂNCIA DE COMPARTILHAR CONHECIMENTO 126
- COMPLEMENTO A LEITURA 128
- DESAFIO 129

O FINAL DE UMA JORNADA, O COMEÇO DE MUITAS HISTÓRIAS 131

INTRODUÇÃO

Nesta introdução, exploramos como ampliar nossa presença no mundo profissional. Discutimos a relevância de valorizar nosso trabalho, a essência da integridade ao apresentá-lo e a importância da visibilidade na era digital. A autenticidade e a marca pessoal emergem como elementos centrais para uma comunicação eficaz e um crescimento profissional sustentável.

Imagine décadas de trabalho árduo e dedicação, onde suas realizações brilhantes muitas vezes passaram despercebidas. Essa foi a minha jornada. Por mais de dez anos, trabalhei incansavelmente na vanguarda da tecnologia, liderando projetos estratégicos de alto impacto em empresas de todo o mundo. No entanto, minha frustração cresceu à medida que percebi que, embora estivesse entregando resultados excepcionais, o reconhecimento continuava a escapar por entre meus dedos. Foi apenas quando descobri o poder da autopromoção autêntica que minha carreira começou a evoluir de maneira notável. Neste guia, compartilharei com você como transformei minha trajetória, aprendendo a apresentar meu trabalho com confiança e estratégia, e como isso pode fazer toda a diferença na sua jornada profissional.

Se você já se viu dando o seu melhor diariamente, mas sente que está ensaiando nos bastidores enquanto outros ocupam o centro do palco, saiba que não está sozinho. Este guia foi escrito pensando em profissionais dedicados, como você, que desejam conquistar o reconhecimento e as oportunidades que merecem. Juntos, exploraremos como alinhar suas realizações incríveis com uma estratégia de autopromoção autêntica, para que você possa assumir seu lugar de destaque. Vamos lá!

Neste guia, você encontrará uma abordagem prática e direcionada para aprimorar sua presença no mundo profissional. Cada passo, cada estratégia, foi cuidadosamente elaborada para ajudá-lo a se destacar, não apenas em sua área de atuação, mas em qualquer ambiente que exija comunicação, integridade e relacionamento. Antes de mergulhar nos detalhes, permita-me apresentar um breve panorama do que abordaremos ao longo deste livro. Seu crescimento profissional começa aqui, e estou entusiasmado em acompanhá-lo nesta jornada. Você vai conhecer um pouco sobre...

Primeiros Passos: Reconheça e valorize seu próprio trabalho. Se você não reconhece o valor intrínseco do que faz, como pode esperar que os outros o façam?

Comunicação Eficaz: Aprenda a arte de comunicar com confiança, evitando o excesso. Todos nós conhecemos aquele colega que parece compartilhar cada detalhe, não é? Aqui, você descobrirá como ser assertivo, mas não excessivo.

A Verdadeira Integridade: Apresentar seu trabalho é uma coisa; fazê-lo com autenticidade e honestidade é o que realmente estabelece sua reputação e constrói confiança.

Feedback e Relacionamentos: Aprofunde-se nas nuances de dar e receber feedback e cultivar relacionamentos genuínos no ambiente de trabalho.

Compartilhando com Sabedoria: Enquanto compartilhar conhecimento é poderoso, é essencial saber quando e como fazê-lo. Vamos explorar o equilíbrio entre ser aberto e manter a discrição.

Se você está pronto para garantir que seu trabalho não apenas seja excepcional, mas também reconhecido e valorizado, então você está no caminho certo com este guia.

Enquanto compartilho essas dicas e estratégias ao longo deste guia, é crucial lembrar que não existe uma fórmula mágica que se aplique uniformemente a todos. Cada jornada profissional é única, moldada por circunstâncias, desafios e ambições pessoais. O que ofereço são aprendizados de uma vida que se estende além de situações práticas, abraçando leituras, estudos e experiências enriquecedoras. Reconheço que não sou o detentor absoluto da verdade e, com toda sinceridade, estou bem resolvido com isso. Encaro este livro como uma caixa de ferramentas repleta de recursos para apoiar e capacitar você em sua jornada. Lembre-se de que, no final, os desafios são superados com determinação, atitude e criatividade. Vamos juntos explorar como você pode mostrar o seu trabalho de maneira autêntica e alcançar novos patamares em sua carreira.

Vamos embarcar nesta jornada juntos?

A IMPORTÂNCIA DA INTEGRIDADE AO APRESENTAR O TRABALHO

Todos nós dedicamos tempo, esforço e paixão aos nossos projetos. No entanto, quando chega o momento de compartilhar essas realizações, surge uma questão crucial: estamos fazendo isso com genuína integridade?

A integridade vai além da simples honestidade ou ética. Trata-se de ser autêntico consigo mesmo, com o trabalho produzido e com aqueles a quem ele é apresentado. Isso implica em comunicar suas ideias e conquistas de forma que elas reflitam verdadeiramente o esforço e habilidade investidos.

A síndrome do impostor é uma armadilha psicológica que muitos profissionais enfrentam. Ela cria a sensação de que, apesar das conquistas e habilidades, somos impostores e, eventualmente, seremos descobertos. Essa autodúvida intensa pode ser particularmente prejudicial quando se trata de apresentar nosso trabalho, pois nos impede de compartilhar nossas realizações com autenticidade e confiança. Quando acreditamos que somos impostores, tendemos a minimizar nossas conquistas e hesitar em promover nosso trabalho, com medo de sermos expostos. Abordar a síndrome do impostor é uma parte essencial do processo de aprendizado da autopromoção e uma etapa crucial para superar as barreiras que impedem o reconhecimento merecido. Mas detalhou isso mais à frente.

Evitar exageros é fundamental. Por exemplo, se você registrou um aumento de 10% nas vendas, comemore essa conquista! Não há motivo para inflar números ou distorcer resultados. A sinceridade sempre ressoa mais profundamente.

Estar receptivo ao feedback é outra faceta da integridade. Quando alguém identifica um erro ou sugere uma melhoria, acolha essas observações com gratidão. Afinal, o crescimento e o aprendizado são pilares do nosso desenvolvimento profissional.

Ouvir feedbacks de forma objetiva e não pessoal é um componente-chave da autopromoção eficaz. É comum interpretarmos os comentários sobre nosso trabalho como ataques pessoais, mas na maioria das vezes, essas observações são presentes valiosos para nossa evolução. Se alguém tem algo a dizer sobre nosso trabalho, isso significa que existe margem para essa percepção e que há oportunidades para melhorias. A habilidade de separar o feedback da nossa identidade pessoal nos permite crescer e aprimorar constantemente, tornando-nos profissionais mais competentes e eficazes. Portanto, esteja aberto a feedbacks construtivos, pois eles são as sementes do crescimento profissional.

Não menos importante, a integridade envolve reconhecer e dar crédito quando devido. Se um colega contribuiu ou se você se inspirou em outra fonte, é essencial fazer esse reconhecimento. A colaboração e o reconhecimento mútuo são alicerces de relações profissionais sólidas.

A autopromoção não se trata apenas de se vangloriar do próprio trabalho, mas muitas vezes envolve reconhecer as realizações dos outros de forma autêntica, sem cair na armadilha da bajulação. Esse equilíbrio entre enaltecer o trabalho alheio e manter a integridade é um sinal de verdadeira senioridade profissional. Demonstrar ética, humildade e a capacidade de valorizar as contribuições dos colegas não apenas constrói conexões genuínas, mas também fortalece a imagem de um profissional maduro e respeitado. Autopromoção consciente não é apenas sobre si mesmo, mas também sobre elevar o coletivo, reconhecendo que o sucesso é frequentemente uma jornada compartilhada.

Ao final, ao apresentar seu trabalho com integridade, você não apenas consolida sua reputação, mas também constrói confiança, fortalece relações e, mais importante, mantém a tranquilidade de saber que está

A NECESSIDADE DE MOSTRAR NOSSO TRABALHO

Em nossa era digital e globalizada, a excelência no trabalho, embora crucial, não é o único componente para o sucesso profissional. Há uma necessidade crescente de também mostrar nosso trabalho. Mas, qual é a razão por trás disso?

Imagine se a renomada cantora brasileira Anitta tivesse hesitado em se autopromover no início de sua carreira. Quando ela começou, sua paixão pela música era inegável, mas estava competindo em um mercado altamente competitivo. No entanto, Anitta reconheceu que, além de seu talento musical, a autopromoção genuína era uma ferramenta valiosa. Ela não apenas focou em sua arte, mas também construiu uma presença autêntica nas redes sociais, compartilhando sua jornada e se conectando com seus fãs. Esse esforço adicional ajudou a consolidar sua carreira e expandir seu alcance globalmente. Hoje, Anitta é uma das artistas mais reconhecidas internacionalmente, e sua história destaca como a autopromoção pode ser um catalisador para alcançar grandes alturas.

Por que você, em sua posição, não precisa enfrentar as mesmas batalhas de autopromoção que uma artista famosa como Anitta? Bem, a resposta pode parecer simples à primeira vista: você não é uma celebridade da música, nem uma figura pública que precisa constantemente se manter sob os holofotes. Mas e se eu lhe dissesse que, independentemente de sua profissão ou status, a autopromoção é uma habilidade fundamental que pode abrir portas e acelerar sua carreira? Não importa se você está no centro do palco ou nos bastidores; a capacidade de apresentar seu trabalho de forma eficaz é uma ferramenta poderosa que pode impulsionar seu sucesso. Então, mesmo que sua trajetória seja diferente da de Anitta, a jornada da autopromoção ainda é relevante para você. Vamos explorar como você pode aplicar os princípios fundamentais da autopromoção de maneira autêntica e estratégica, independentemente do seu campo de atuação.

RECONHECIMENTO E VISIBILIDADE

Em organizações com grande número de colaboradores ou em ambientes onde o trabalho remoto é comum, é possível que nossos esforços se percam no ruído. Comunicar proativamente nossas realizações garante que sejamos vistos e, mais importante, valorizados por nossas contribuições. Além de minimizarem sentimento de frustração pela falta de visibilidade e reconhecimento.

CONSTRUÇÃO DA MARCA PESSOAL:

O mercado de trabalho atual é vasto e competitivo. Distinguir-se é mais crucial do que nunca. Ao mostrar nosso trabalho, moldamos e fortalecemos nossa marca pessoal, posicionando-nos de maneira única em um mar de profissionais talentosos.

Sua marca pessoal é a impressão que você deixa no mundo profissional. Como Peter Montoya observou: "Sua marca pessoal é o que as pessoas dizem sobre você quando você não está na sala." É a soma das suas ações, valores, habilidades e como você é percebido pelos outros. Cultivar uma marca pessoal forte e autêntica é essencial para construir relacionamentos e oportunidades no mundo dos negócios. É uma jornada contínua de autodescoberta e comunicação eficaz para influenciar positivamente como você é visto e lembrado pelos outros.

Vamos dar vida a essas duas pessoas fictícias, Alice e Bob, para entender como os sentimentos podem impactar suas trajetórias profissionais. Alice, uma entusiasta da marca pessoal, inicialmente sente confiança e determinação ao compartilhar suas realizações. Ela fica animada com o reconhecimento e o apoio que recebe de seus colegas e líderes. Esses sentimentos positivos impulsionam sua motivação para continuar investindo em sua marca pessoal.

Por outro lado, Bob, que evita se destacar, começa com uma sensação de segurança em sua zona de conforto. No entanto, com o tempo, ele começa a sentir uma falta de reconhecimento e oportunidades que Alice está desfrutando. Esses sentimentos negativos de desvalorização e estagnação podem se tornar uma bola de neve, afetando sua autoestima e criando uma barreira para a tomada de medidas para mudar sua situação.

Essa dinâmica ilustra como os sentimentos iniciais de confiança ou segurança podem evoluir em direções opostas, dependendo das escolhas feitas em relação à construção da marca pessoal. Investir na sua marca pessoal pode aumentar a confiança e abrir portas para oportunidades, enquanto evitar o destaque pode levar a sentimentos de estagnação e frustração. É um lembrete de como nossas escolhas influenciam nossos sentimentos e, por sua vez, moldam nossos resultados profissionais.

FOMENTO À COLABORAÇÃO

Compartilhar nossas ideias e sucessos não é apenas uma exibição; é um convite. Ao tornar nosso trabalho visível, incentivamos outros a contribuir, oferecer insights ou até mesmo se juntar a nós em projetos colaborativos. Esta abertura pode desencadear inovações e soluções que, de outra forma, permaneceriam inexploradas.

Quando buscamos genuinamente compartilhar nossos conhecimentos e experiências sem segundas intenções, criamos uma atmosfera de confiança e autenticidade ao nosso redor. Ao agir assim, influenciamos os outros a fazerem o mesmo, criando uma rede de troca e crescimento mútuo em nosso ambiente profissional. Essa abordagem espelha ações baseadas na generosidade e na busca pelo benefício coletivo. À medida que mais pessoas se inspiram nesse modelo, a cultura da colaboração se fortalece, e todos se beneficiam com o compartilhamento de insights, aprendizado e crescimento contínuo. É uma maneira poderosa de criar um ambiente em que todos podem prosperar e contribuir para o sucesso conjunto.

AUTOAFIRMAÇÃO E CRESCIMENTO

Reconhecer e comunicar nossas realizações não é um ato de vaidade, mas de autoafirmação. Esta prática reforça nossa autoestima e confiança, pilares para o desenvolvimento contínuo e para enfrentar novos desafios com determinação.

A autoafirmação é uma ferramenta crucial no caminho para o desenvolvimento pessoal e profissional. Ela envolve reconhecer e afirmar nossas próprias habilidades, competências e méritos. Como o renomado psicólogo Albert Bandura afirmou: "A autoafirmação não é uma busca egoísta de autor reconhecimento, mas uma força motivadora essencial que nos permite realizar nosso potencial máximo." Essa capacidade de se afirmar é fundamental para superar desafios, enfrentar situações difíceis com confiança e buscar oportunidades de crescimento. É uma habilidade que pode ser desenvolvida e aprimorada ao longo da vida, e seu impacto pode ser transformador, capacitando os indivíduos a alcançarem seus objetivos e acreditarem em seu próprio potencial.

Á medida que avançamos em nossa carreira, é vital compreender que mostrar nosso trabalho não é um luxo, mas uma necessidade estratégica. É uma maneira de garantir que nosso valor seja reconhecido, de construir relações profissionais significativas e de pavimentar nosso caminho para futuras oportunidades.

AUTOCONHECIMENTO E VALORIZAÇÃO DO PRÓPRIO TRABALHO

Navegar pelo mundo profissional exige mais do que apenas habilidades técnicas; é uma dança delicada entre reconhecer o próprio valor, comunicar-se eficazmente e manter a humildade. Este guia foi criado para ajudá-lo a encontrar esse equilíbrio, garantindo que você não apenas se destaque, mas também construa relações autênticas e significativas ao longo do caminho. Vamos explorar juntos as nuances de apresentar seu trabalho de forma autêntica e eficaz, sem cair nas armadilhas da autopromoção excessiva ou da falsa modéstia.

RECONHECENDO O VALOR DO SEU TRABALHO

Em nossa trajetória profissional, um desafio persistente e, muitas vezes, subestimado é o reconhecimento do valor intrínseco do nosso trabalho. O sábio Confúcio uma vez observou: "Aquele que acredita que pode e aquele que acredita que não pode estão ambos geralmente certos". Esta reflexão nos convida a ponderar sobre a força da autopercepção e da auto crença em nossa carreira.

É uma tendência comum minimizar nossas realizações, relegando-as à categoria de "apenas parte do trabalho". No entanto, cada contribuição, por menor que seja, tem seu valor. Seja um projeto concluído, uma ideia inovadora proposta ou uma solução criativa para um problema, tudo tem um impacto.

Se você já se questionou sobre a relevância de sua função e se suas contribuições realmente importam, saiba que não está sozinho. Muitas vezes, nos sentimos como pequenas engrenagens em uma máquina maior, questionando se o que fazemos realmente faz diferença. No entanto, é crucial lembrar que cada peça é essencial para que a máquina funcione perfeitamente. Sua função existe porque tem relevância, porque desempenha um papel fundamental no todo. E quando você demonstra

seu trabalho de forma eficaz, está mostrando o valor dessa posição, destacando como suas contribuições se encaixam na engrenagem e fazem a diferença. A partir de agora, vamos explorar como você pode comunicar essa importância de maneira autêntica e estratégica.

Encontrar meios de identificar nossas conquistas e realizações é fundamental para reconhecer nosso próprio valor e contribuição. Muitas vezes, nossos esforços passam despercebidos, e é fácil esquecer o impacto que causamos. Ao identificar e celebrar nossas conquistas, construímos autoconfiança, fortalecemos nossa autoimagem e nos tornamos mais capazes de compartilhar nosso trabalho de forma autêntica e estratégica.

Uma técnica legal é o diário de Realizações: uma estratégia valiosa para cultivar o reconhecimento do próprio trabalho é manter um "Diário de Realizações". Dedique um momento, ao final de cada semana, para registrar três realizações significativas. Pode ser um desafio superado, um elogio recebido ou um marco alcançado em um projeto. Ao revisitar este diário ao final de cada mês, você terá uma visão clara e tangível de suas contribuições e do valor que adicionou.

Se ao final de um mês, seu Diário de Realizações ainda está vazio ou não contém conquistas substanciais, pode ser um sinal de que é hora de repensar sua abordagem, ajustar o escopo de suas metas ou buscar novas oportunidades de desafio e crescimento. Um Diário de Realizações robusto deve refletir seu progresso e contribuições, sendo uma ferramenta valiosa para avaliar sua jornada profissional.

Reconhecer o valor do próprio trabalho vai além da autoestima. É uma prática que solidifica sua posição e destaque no ambiente profissional. Ao valorizar e documentar regularmente suas conquistas, você não apenas internaliza o impacto do seu trabalho, mas também constrói um portfólio de suas contribuições valiosas.

De invisível a inesquecível

Ao adotar práticas como o "Diário de Realizações", você não apenas aprimora sua autopercepção, mas também estabelece um alicerce sólido para avançar em sua carreira, armado com evidências concretas de seu valor e impacto.

A DIFERENÇA ENTRE AUTOPROMOÇÃO E ARROGÂNCIA

No universo profissional, a maneira como nos apresentamos e destacamos nossas conquistas é crucial. No entanto, é vital discernir entre autopromoção genuína e arrogância. Esta seção explora essa distinção e oferece orientações para navegar com confiança e autenticidade.

A autopromoção é uma habilidade essencial, permitindo-nos comunicar o valor que trazemos ao ambiente de trabalho. Em um mundo competitivo, ser visível e reconhecido é muitas vezes a chave para abrir portas de oportunidades. Autopromoção eficaz é fundamentada em fatos, autenticidade e a intenção de estabelecer conexões genuínas.

Em contraste, a arrogância surge quando alguém, intencionalmente ou não, exagera suas habilidades ou realizações, muitas vezes obscurecendo ou minimizando as contribuições dos outros. Ao contrário da autopromoção, a arrogância pode criar barreiras, gerando distanciamento e mal-entendidos com colegas e superiores.

C.S. Lewis, em sua sabedoria, observou: "A verdadeira humildade não é pensar menos de si mesmo; é pensar em si mesmo menos." Esta reflexão nos serve como um lembrete de que a autopromoção genuína não é um exercício de ego, mas uma maneira de compartilhar nosso valor de forma construtiva.

DICAS PARA UMA AUTOPROMOÇÃO EFICAZ

Baseie-se em Fatos: Ao destacar suas realizações, sempre se apoie em dados e evidências concretas.

Seja um Ouvinte Ativo: Valorize e reconheça as conquistas dos outros, criando um ambiente de apoio mútuo.

Solicite Feedback: Ferramentas como o "Feedback 360" são inestimáveis. Ao coletar feedback de diferentes perspectivas, você obtém uma visão mais completa de como é percebido, permitindo ajustes e crescimento contínuo.

Valorize o Trabalho em Equipe: O sucesso raramente é uma jornada solitária. Ao celebrar vitórias, é fundamental reconhecer e agradecer àqueles que contribuíram para os resultados alcançados.

A autopromoção, quando feita com autenticidade e consideração, é uma ferramenta poderosa para avançar em sua carreira. Ao permanecer fiel a si mesmo e valorizar os outros, você não apenas destaca suas próprias conquistas, mas também fortalece o tecido da colaboração e confiança em seu ambiente de trabalho.

DESAFIO

Liste três realizações profissionais das quais você se orgulha e reflita sobre o impacto que elas tiveram em sua carreira ou no seu local de trabalho. Faça isso de forma periódica. Defina um período, mantenha os registros e sempre que sentir que não tem feito nada de relevante no seu trabalho, relevante e reflita.

Como ele te ajuda?

Autoconhecimento: Listar suas realizações ajuda a reconhecer e valorizar suas contribuições, fortalecendo a autoestima profissional.

Perspectiva de Impacto: Refletir sobre o efeito de suas ações oferece insights sobre sua influência no ambiente de trabalho e o papel que desempenha na organização.

Preparação para Oportunidades: Ter clareza sobre suas conquistas prepara você para momentos como entrevistas ou avaliações, onde é essencial destacar seu valor.

COMPLEMENTO A LEITURA

"Mindset: A Nova Psicologia do Sucesso" de Carol S. Dweck.

Neste livro, a Dra. Carol Dweck, uma renomada psicóloga da Universidade de Stanford, explora o conceito de "mindsets fixos" versus "mindsets de crescimento". Ela argumenta que a maneira como pensamos sobre nossas habilidades e talentos pode impactar nosso sucesso. Aqueles com um mindset de crescimento, que acreditam que habilidades podem ser desenvolvidas, tendem a ser mais resilientes, adaptáveis e bem-sucedidos. O livro oferece insights valiosos sobre como cultivar um mindset de crescimento, o que pode ser particularmente útil para profissionais que buscam reconhecer e promover seu valor no ambiente de trabalho.

COMUNICANDO-SE COM CLAREZA

Em um ambiente profissional dinâmico, a arte da comunicação diária vai além de simples interações: é sobre entender a dinâmica da disseminação de informações. Cada pedaço de informação, quando compartilhado corretamente, pode alinhar equipes, construir confiança e promover colaboração. Seja segmentando informações para diferentes grupos, escolhendo o momento ideal para comunicar, ou variando os métodos de comunicação, é essencial adaptar-se para garantir clareza e eficácia. Em um mundo repleto de informações, uma mensagem clara e regular cria previsibilidade, um pilar fundamental para a confiança organizacional.

A IMPORTÂNCIA DA COMUNICAÇÃO CLARA E CONCISA

Em todos os cenários profissionais, a comunicação desempenha um papel de suma importância. Segundo o renomado autor e especialista em comunicação, Dale Carnegie, "a comunicação eficaz é 20% do que você sabe e 80% de como você se sente em relação ao que você sabe". Nesse sentido, não basta apenas transmitir informações; a verdadeira maestria reside em transmiti-las de maneira clara e concisa. Mas o que exatamente isso significa e qual é a relevância dessa habilidade?

Definindo comunicação clara e concisa

Comunicar-se de forma clara e concisa é uma habilidade essencial para transmitir suas ideias de maneira direta e eficaz. Envolve o que você está comunicando, quando o faz, para quem está direcionado e como escolhe expressar suas informações. Eliminando informações desnecessárias e evitando terminologias complexas, você garante que sua mensagem seja compreendida pelo público-alvo de maneira efetiva. Embora possa parecer simples, muitas vezes nos vemos envolvidos em jargões ou divagações que obscurecem nossa mensagem principal.

Os Perigos da Comunicação Vaga

Imagine um e-mail de trabalho que se estende por páginas e páginas ou uma apresentação que circula em torno de um ponto sem nunca realmente abordá-lo. Não apenas essas formas de comunicação são exaustivas para o receptor, mas também podem levar a mal-entendidos, erros e até conflitos. Em contraste, uma comunicação direta e ao ponto pode prevenir confusões, economizar tempo e tornar o ambiente de trabalho mais produtivo e harmonioso.

Por Que a Clareza é a Chave

Quando nos comunicamos de forma clara e concisa, estamos, essencialmente, fornecendo um mapa direto para o receptor. Isso elimina a necessidade de decifrar mensagens complexas ou tentar entender o que realmente está sendo dito. Em um mundo onde todos estão constantemente sobrecarregados de informações, ser direto é um alívio e uma habilidade valiosa.

À medida que avançamos em posições executivas, a perspectiva se expande e a quantidade de informações e decisões que recaem sobre nossos ombros aumenta significativamente. Com essa mudança, a necessidade de ter uma visão macro dos assuntos se torna essencial. Profissionais em cargos de liderança muitas vezes precisam lidar com uma grande variedade de tópicos, desde estratégias de negócios até questões operacionais e, às vezes, questões pessoais da equipe. Nesse contexto, a paciência para comunicações que não sejam assertivas pode diminuir, uma vez que o tempo se torna um recurso valioso. Portanto, é crucial aprimorar nossa capacidade de comunicar informações de forma clara e concisa, garantindo que nossa mensagem seja efetivamente transmitida aos colegas de nível executivo.

STORYTELLING NO MUNDO CORPORATIVO: A JORNADA DO HERÓI NAS APRESENTAÇÕES EXECUTIVAS

Em qualquer ambiente, seja ele profissional ou pessoal, a capacidade de comunicar-se eficazmente é inestimável. E uma das ferramentas mais poderosas para isso é o storytelling. Vamos explorar essa arte milenar e entender como ela pode ser aplicada no mundo corporativo.

Das Cavernas ao Teatro Grego: A História do Storytelling

A arte de contar histórias remonta aos tempos antigos. Desde as primeiras pinturas rupestres até as complexas peças do teatro grego, as histórias têm sido uma maneira de transmitir cultura, valores e influenciar sociedades. No teatro grego, por exemplo, as narrativas não eram apenas entretenimento; eram ferramentas poderosas usadas por líderes para comunicar ideias, moldar a opinião pública e até mesmo exercer controle sobre as populações.

A Jornada do Herói: Do Mundo Antigo ao Cinema Moderno

A jornada do herói, também conhecida como "monomito," é um conceito profundamente arraigado na história da narrativa humana e foi popularizado pelo renomado estudioso das mitologias, Joseph Campbell. Com origens que remontam à Grécia Antiga, essa estrutura narrativa se tornou uma fonte constante de inspiração e catarse para o público em todo o mundo.

A Origem na Mitologia e na Grécia Antiga

Os primeiros vestígios da jornada do herói podem ser encontrados na mitologia grega, onde heróis lendários frequentemente embarcavam em jornadas épicas. A obra de Homero, a "Odisseia," é um dos primeiros exemplos notáveis dessa estrutura narrativa. Aqui, vemos Ulisses em sua jornada de retorno para casa após a Guerra de Troia, enfrentando inúmeras provações e tentações ao longo do caminho.

O Impacto na Literatura

A jornada do herói também desempenhou um papel fundamental na literatura ocidental. Um dos exemplos mais notáveis é a obra "Dom Quixote" de Miguel de Cervantes, onde o personagem principal, Dom Quixote, embarca em uma jornada idealista para se tornar um cavaleiro andante. Ele enfrenta uma série de desafios, muitas vezes cômicos, à medida que busca a nobreza e a virtude.

A Contribuição de Joseph Campbell

No século XX, o autor e estudioso das mitologias, Joseph Campbell, trouxe a jornada do herói para o foco acadêmico em seu livro seminal "O Herói de Mil Faces" (The Hero with a Thousand Faces). Campbell argumentou que todas as mitologias compartilham uma estrutura narrativa semelhante, na qual o herói sai de sua zona de conforto, enfrenta desafios, adquire sabedoria e retorna transformado.

A influência da jornada do herói na narrativa contemporânea é mais evidente no cinema. Muitos filmes icônicos, como "Star Wars," "O Senhor dos Anéis," e "Matrix," seguem de perto essa estrutura. Em "Star Wars," por exemplo, Luke Skywalker sai de sua vida comum como um fazendeiro para se tornar um cavaleiro Jedi, enfrentando desafios, treinando com um mentor e, finalmente, confrontando o lado negro da Força.

A jornada do herói proporciona ao público uma maneira poderosa de se relacionar com os personagens e suas jornadas. Identificamos nossas próprias lutas e aspirações nas provações enfrentadas pelo herói. À medida que o herói cresce e se transforma, também encontramos inspiração para nossa própria jornada pessoal.

A jornada do herói, cunhada e popularizada por Joseph Campbell, é um conceito que transcende fronteiras culturais e temporais. Desde os mitos da Grécia Antiga até os épicos modernos de Hollywood, essa estrutura narrativa ressoa profundamente com o público. Ela nos lembra que a jornada, com todos os seus desafios e adversidades, é uma parte fundamental da experiência humana. E, assim como os heróis de nossas histórias favoritas, também podemos enfrentar nossos próprios desafios e emergir transformados no final.

A Estrutura da Narrativa: A Jornada do Herói

A jornada do herói é uma estrutura narrativa que acompanha a transformação de um personagem central em uma história. Ela começa quando o herói é apresentado à sua situação cotidiana, mas ele é chamado para uma aventura ou desafio que o tira dessa normalidade. Relutantemente ou não, o herói parte em busca do desconhecido, enfrentando obstáculos, adquirindo aliados e enfrentando inimigos ao longo do caminho. Durante essa jornada, o herói passa por provações, descobre sua força interior, obtém conhecimento ou habilidades especiais e, finalmente, retorna transformado ao seu mundo comum. Essa transformação pode ser física, emocional ou espiritual, mas sempre resulta em um crescimento pessoal significativo. A jornada do herói é uma narrativa universal que ressoa com o público, pois reflete as jornadas e desafios que todos nós enfrentamos em nossas vidas.

Storytelling no Mundo Corporativo

A jornada do herói é um dos arquétipos mais poderosos da narrativa humana, e suas lições podem ser aplicadas de maneira surpreendente ao mundo das apresentações executivas. Assim como um herói enfrenta desafios, adquire conhecimento e cresce ao longo de sua jornada, uma apresentação executiva bem-sucedida segue um caminho semelhante.

Tudo começa com o "chamado à aventura" na preparação da apresentação. O orador se depara com um desafio, que é a mensagem que precisa ser comunicada. Esse chamado exige coragem e determinação para ser aceito, e o herói da apresentação deve estar disposto a enfrentá-lo.

A partir daí, o orador entra no "mundo comum", a realidade atual da audiência. É crucial estabelecer uma conexão com a plateia, mostrando que você compreende seus desafios e necessidades. Aqui, como o herói, você está se preparando para a aventura que está prestes a começar.

Conforme a apresentação avança, você entra no "mundo especial", apresentando sua visão e soluções de forma cativante. Esse é o momento de compartilhar insights e conhecimentos valiosos que podem guiar a audiência rumo à resolução de seus desafios.

No clímax da apresentação, assim como no clímax da jornada do herói, surge a revelação. A audiência enxerga claramente como suas ideias e soluções podem transformar sua realidade. É aqui que você os conquista, como um herói que enfrenta o momento decisivo.

Por fim, a apresentação termina com o "retorno ao mundo comum". A audiência volta ao seu dia a dia, mas agora com novas perspectivas e um plano de ação. Você, como o herói, trouxe mudanças e inspiração para suas vidas.

A jornada do herói não é apenas uma estrutura narrativa, mas também um guia poderoso para criar apresentações executivas que envolvam e inspirem. Ao compreender e aplicar esses princípios, você pode se tornar o herói da sua apresentação, levando sua audiência em uma jornada que os deixará cativados e motivados a agir. É a magia da narrativa aplicada ao mundo dos negócios, e os resultados podem ser verdadeiramente épicos.

O Fascínio das Boas Histórias

A paixão humana por histórias bem contadas é uma característica profundamente enraizada em nossa essência. Desde os primeiros dias da humanidade, quando nossos ancestrais se reuniam ao redor do fogo para compartilhar contos de caçadas épicas ou experiências misteriosas, até os tempos modernos, onde assistimos a filmes, lemos livros ou até mesmo interagimos nas redes sociais, a narrativa tem sido uma parte vital de nossa existência.

As histórias são como pontes que conectam nossas experiências individuais às experiências compartilhadas por toda a humanidade.

Elas nos permitem explorar os recantos mais profundos da psique humana, sentir empatia por personagens fictícios e, muitas vezes, refletir sobre nossas próprias vidas e jornadas.

No mundo dos negócios e apresentações, essa paixão por histórias desempenha um papel fundamental. Uma apresentação que envolve elementos narrativos bem construídos é mais memorável e impactante. As histórias têm o poder de transmitir informações de maneira emocional e lógica, tornando-as mais convincentes e eficazes.

Assim como o herói de uma história enfrenta desafios e busca uma transformação, também buscamos a inspiração e o significado em nossas vidas e carreiras. Uma história bem contada pode servir como um farol, iluminando o caminho para a compreensão, aprendizado e crescimento.

Através das histórias, compartilhamos nossa cultura, transmitimos nossos valores e nos conectamos uns aos outros de maneira profunda e significativa. É um lembrete de que, apesar de nossas diferenças, todos somos parte de uma narrativa maior - a história.

Portanto, abrace a paixão inata por histórias bem contadas. Seja ao comunicar uma ideia, inspirar uma equipe ou simplesmente compartilhar experiências com amigos e colegas, lembre-se de que todos nós amamos e somos moldados pelas histórias. Elas são, afinal, uma parte essencial do que significa ser humano.

Complemento a leitura

"O Poder do Mito" de Joseph Campbell.

Uma obra igualmente essencial para explorar os mistérios da jornada do herói e da narrativa mitológica é "O Poder do Mito", de Joseph Campbell, em colaboração com Bill Moyers. Este livro é uma conversa fascinante entre Campbell e Moyers, na qual eles exploram os temas universais que permeiam mitos, lendas e histórias de todas as culturas. É uma exploração profunda e acessível que lança luz sobre a importância das histórias em nossas vidas e como elas moldam nossa compreensão do mundo. Para quem busca uma compreensão mais ampla e profunda da jornada do herói e seu significado, "O Poder do Mito" oferece uma leitura enriquecedora e inspiradora.

Ferramentas visuais: gráficos, tabelas e slides

Contar histórias é uma arte antiga que cativa e envolve as pessoas desde o início da civilização. Hoje, no mundo dos negócios e da comunicação, essa habilidade continua a desempenhar um papel fundamental. No entanto, uma adição valiosa e moderna a essa arte é o uso de gráficos, tabelas e imagens para ilustrar e reforçar essas histórias. Afinal, como diz o ditado, "uma imagem vale mais que mil palavras."

Imagine uma apresentação de dados secos, cheia de números e estatísticas. Agora, imagine a mesma apresentação com gráficos coloridos, tabelas bem elaboradas e imagens relevantes. Qual delas você acha que seria mais efetiva em comunicar a mensagem? A resposta é clara: a segunda opção.

Gráficos bem projetados têm o poder de simplificar informações complexas. Eles podem tornar dados abstratos mais concretos e compreensíveis. Tabelas organizadas facilitam a comparação de informações e permitem que o público tire conclusões com mais facilidade. Imagens e infográficos podem transmitir ideias de forma rápida e memorável.

Além disso, o uso desses elementos visuais pode criar uma conexão emocional com o público. Uma boa imagem pode evocar sentimentos e contar uma história por si só. E quando combinada com uma narrativa convincente, a mensagem se torna ainda mais poderosa.

Contar histórias com gráficos, tabelas e imagens é uma habilidade essencial na comunicação contemporânea. Esses recursos não apenas tornam a informação mais acessível e impactante, mas também ajudam a manter o público envolvido e interessado. Portanto, ao criar apresentações, relatórios ou qualquer forma de comunicação, lembre-se do poder das imagens e do impacto que elas podem ter em sua narrativa.

Utilização de Gráficos:

Os gráficos são ferramentas poderosas para representar dados e informações de maneira visual e compreensível. Eles desempenham um papel crucial na comunicação, ajudando a simplificar informações complexas e a contar histórias de maneira envolvente. No entanto, é fundamental escolher o tipo certo de gráfico para transmitir sua mensagem de forma clara e precisa.

Quando Utilizar Gráficos:

Comparação de Dados: Quando você precisa comparar diferentes conjuntos de dados, gráficos de barras e gráficos de colunas são excelentes opções. Por exemplo, se deseja comparar as vendas de diferentes produtos ao longo de um período, um gráfico de barras ou colunas destacará as diferenças de maneira visual.

Tendências ao Longo do Tempo: Para mostrar como os dados evoluem ao longo do tempo, os gráficos de linhas são ideais. Eles são frequentemente usados para representar séries temporais, como o crescimento de receita de uma empresa ao longo dos anos.

Distribuição de Dados: Histogramas são perfeitos quando você deseja visualizar a distribuição de dados e entender sua forma e dispersão. Eles são comumente usados em estatísticas para mostrar a distribuição de idades, salários, ou qualquer outra variável.

Composição de um Todo: Quando você deseja mostrar como uma parte se relaciona com um todo, os gráficos de pizza (ou gráficos de setores) são eficazes. Eles podem ser usados para ilustrar a composição de despesas em um orçamento, por exemplo.

Relações e Correlações: Os gráficos de dispersão são valiosos quando se deseja explorar relações entre duas variáveis. Eles podem ajudar a identificar correlações ou tendências e são frequentemente usados em análises estatísticas.

Exemplos e Cenários de Utilização:

Gráfico de Barras ou Colunas: Suponhamos que você seja um gerente de vendas e deseja comparar o desempenho de vendas de três representantes ao longo de um trimestre. Um gráfico de barras ou colunas destacará as diferenças nas vendas individuais de forma clara.

Gráfico de Linhas: Se você está preparando um relatório sobre o crescimento da receita de uma startup ao longo dos últimos cinco anos, um gráfico de linhas mostrará visualmente a tendência de crescimento.

Histograma: Imagine que você é um cientista de dados e deseja visualizar a distribuição das idades dos clientes de um aplicativo. Um histograma ajudará a entender a faixa etária predominante.

Gráfico de Pizza: Em um relatório financeiro anual, você pode usar um gráfico de pizza para destacar como as despesas de uma empresa foram distribuídas entre categorias, como folha de pagamento, marketing e suprimentos.

Gráfico de Dispersão: Se você está conduzindo uma pesquisa sobre a relação entre o tempo gasto em um site e as conversões, um gráfico de dispersão pode ajudar a identificar se há alguma correlação entre essas variáveis.

Lembre-se de que a escolha do gráfico deve ser determinada pelo objetivo da sua mensagem e pelos dados que você deseja transmitir. A combinação certa de gráficos e clareza na apresentação dos dados pode transformar informações em insights valiosos e cativar seu público de maneira eficaz. Portanto, ao preparar seus materiais de apresentação, considere cuidadosamente quais gráficos serão mais adequados para contar sua história.

Utilização de Tabelas:

As tabelas são ferramentas essenciais para apresentar dados de maneira organizada e concisa. Elas são ideais para situações em que precisamos exibir números específicos, detalhes ou informações complexas de forma estruturada. Vamos explorar quando e como usar tabelas para transmitir informações de maneira eficaz:

Quando Utilizar Tabelas:

Comparação Detalhada: As tabelas são ideais quando você precisa de uma comparação detalhada entre diferentes conjuntos de dados. Por exemplo, em um relatório financeiro trimestral, uma tabela pode exibir as receitas, despesas e lucros mês a mês para uma análise minuciosa.

Detalhamento de Dados: Quando há a necessidade de fornecer detalhes específicos, como listas de produtos, especificações técnicas ou dados de pesquisa, as tabelas são uma escolha sensata. Elas permitem que os leitores examinem os dados em profundidade.

Organização de Informações: Tabelas são eficazes para organizar informações em categorias e subcategorias. Por exemplo, em um manual de produtos, uma tabela pode listar categorias de produtos, com detalhes individuais em cada célula.

Comparação de Variáveis Múltiplas: Quando você precisa comparar múltiplas variáveis em relação a várias entidades, como desempenho de diferentes departamentos em várias métricas, tabelas facilitam a visualização e comparação.

Exemplos e Cenários de Utilização:

Tabela Financeira: Em um relatório anual de uma empresa, você pode usar uma tabela para apresentar o balanço patrimonial detalhado, listando ativos, passivos e patrimônio líquido em linhas separadas.

Tabela de Especificações Técnicas: Se você estiver desenvolvendo um manual de instruções para um produto eletrônico, uma tabela de especificações pode listar detalhes técnicos, como potência, tamanho da tela e capacidade da bateria.

Tabela de Comparação de Produtos: Em um site de e-commerce, tabelas de comparação de produtos permitem que os compradores vejam rapidamente as diferenças entre produtos, como recursos, preços e avaliações.

Tabela de Desempenho Empresarial: Para analisar o desempenho de vários departamentos de uma organização em relação a métricas-chave, como vendas, lucros e satisfação do cliente, uma tabela de desempenho é eficaz.

Dicas para Criar Tabelas Eficientes:

Título e Rótulos Claros: Sempre forneça um título claro para sua tabela e rótulos de coluna que expliquem o que cada coluna representa.

Organização Lógica: Organize os dados de maneira lógica e estruturada, com categorias e subcategorias claramente definidas.

Simplicidade: Evite tabelas muito complexas com muitas colunas e linhas. Mantenha a simplicidade quando possível.

Destaque Informações Essenciais: Use formatação, como negrito ou cores, para destacar informações críticas na tabela.

Legibilidade: Certifique-se de que a tabela seja facilmente legível, mesmo em tamanhos menores.

Fontes Consistentes: Mantenha a consistência nas fontes e tamanhos de texto na tabela.

Ao escolher usar tabelas para comunicar informações, lembre-se de que a clareza e a organização são fundamentais. Com tabelas bem projetadas, você pode apresentar dados detalhados de maneira acessível e eficaz.

O Poder de uma Imagem

A comunicação executiva é uma arte que envolve transmitir informações complexas, ideias inovadoras e estratégias de negócios de forma clara e envolvente. Nesse contexto, as imagens desempenham um papel fundamental, tornando a comunicação mais impactante e eficaz. Aqui está o porquê:

Visualização de Conceitos Abstratos: Muitas vezes, os conceitos e ideias nas apresentações executivas podem ser abstratos e difíceis de entender apenas com palavras. É aí que as imagens entram em cena. Gráficos, diagramas e representações visuais podem traduzir conceitos abstratos em algo tangível e compreensível.

Captura de Atenção: Em um mundo onde somos bombardeados com informações constantemente, é crucial capturar e manter a atenção do público. Imagens visualmente atraentes e relevantes são um meio eficaz de prender a atenção e destacar pontos chave em sua comunicação.

Memorização Aprimorada: Estudos mostram que tendemos a lembrar mais informações quando elas são apresentadas visualmente em comparação com apenas texto. O uso de imagens memoráveis ajuda o público a reter as mensagens-chave após a apresentação.

Clareza e Simplicidade: As imagens podem simplificar informações complexas. Gráficos, fluxogramas e infográficos podem condensar grandes volumes de dados em representações visuais fáceis de entender.

Exemplos de Quando Utilizar Imagens:

Apresentações de Dados: Gráficos de barras, gráficos de pizza e gráficos de linhas são ideais para apresentar dados, tornando números complexos mais acessíveis.

Apresentações de Produto: Imagens de produtos em ação, diagramas de suas características e benefícios ou comparações visuais são valiosos para destacar produtos e suas vantagens.

Estratégia de Negócios: Diagramas de fluxo, organogramas e mapas estratégicos podem esclarecer a estrutura organizacional e planos de negócios.

Histórias de Sucesso: Use imagens para ilustrar casos de sucesso de clientes, mostrando o antes e depois da implementação de suas soluções.

Apresentações Conceituais: Quando se trata de conceitos abstratos, como visão, missão ou valores da empresa, use imagens simbólicas para transmitir esses conceitos de maneira mais impactante.

Apresentações de Tendências: Mostre tendências de mercado com infográficos que destacam estatísticas-chave e insights.

É importante lembrar que, embora as imagens sejam poderosas, a escolha e a qualidade delas são cruciais. Imagens mal escolhidas ou de baixa qualidade podem prejudicar a mensagem em vez de reforçá-la. Portanto, ao incorporar imagens em suas apresentações executivas, certifique-se de que elas sejam relevantes, de alta qualidade e alinhadas com o conteúdo que você deseja transmitir. Com o uso adequado das imagens, você pode elevar significativamente a eficácia de sua comunicação executiva.

Não Reinvente a Roda: A Importância de Reutilizar Conteúdo e Encontrar Inspiração

Quando se trata de criar apresentações executivas eficazes, a tentação de começar do zero muitas vezes nos leva a perder tempo e energia valiosos. A boa notícia é que não é necessário reinventar a roda toda vez que você precisa comunicar uma ideia ou estratégia. Aqui estão algumas razões pelas quais reutilizar conteúdo e buscar inspiração pode ser uma estratégia inteligente:

Eficiência e Produtividade: A criação de apresentações do zero pode ser demorada e trabalhosa. Reutilizar slides, gráficos ou modelos previamente desenvolvidos economiza tempo e permite que você se concentre em aprimorar o conteúdo, em vez de começar do zero.

Consistência Visual: Manter uma consistência visual em suas apresentações é fundamental para criar uma marca pessoal sólida e uma identidade de marca reconhecível para sua empresa. Reutilizar elementos visuais e modelos ajuda a manter essa consistência.

Reciclagem Inteligente: Conteúdo útil e relevante não deve ser usado apenas uma vez. Você pode reutilizar estatísticas, histórias de sucesso ou conceitos-chave em diferentes apresentações, adaptando-os para atender ao público e ao contexto específico.

Não Reinvente a Roda: A Importância de Reutilizar Conteúdo e Encontrar Inspiração

Quando se trata de criar apresentações executivas eficazes, a tentação de começar do zero muitas vezes nos leva a perder tempo e energia valiosos. A boa notícia é que não é necessário reinventar a roda toda vez que você precisa comunicar uma ideia ou estratégia. Aqui estão algumas razões pelas quais reutilizar conteúdo e buscar inspiração pode ser uma estratégia inteligente:

Eficiência e Produtividade: A criação de apresentações do zero pode ser demorada e trabalhosa. Reutilizar slides, gráficos ou modelos previamente desenvolvidos economiza tempo e permite que você se concentre em aprimorar o conteúdo, em vez de começar do zero.

Consistência Visual: Manter uma consistência visual em suas apresentações é fundamental para criar uma marca pessoal sólida e uma identidade de marca reconhecível para sua empresa. Reutilizar elementos visuais e modelos ajuda a manter essa consistência.

Reciclagem Inteligente: Conteúdo útil e relevante não deve ser usado apenas uma vez. Você pode reutilizar estatísticas, histórias de sucesso ou conceitos-chave em diferentes apresentações, adaptando-os para atender ao público e ao contexto específico.

Experimente e Inove: Use a inspiração que você encontra como ponto de partida, mas não tenha medo de inovar e adicionar seu toque pessoal para criar algo e cativante.

Não é preciso começar do zero toda vez que você criar uma apresentação. Aproveite o poder da reutilização de conteúdo e da busca por inspiração para aumentar sua eficiência, manter a consistência e criar apresentações executivas impactantes. Lembre-se sempre de equilibrar a reutilização com a originalidade para garantir que suas mensagens se destaquem e sejam verdadeiramente cativantes.

Compartilhe um pouco a cada dia

A comunicação diária é uma ferramenta poderosa para apresentar seu trabalho de forma contínua e envolvente. Imagine isso como um programa de TV em que você é o protagonista, compartilhando regularmente atualizações, conquistas e insights. Não se trata apenas de direcionar sua mensagem para sua liderança, mas de criar uma experiência 360º em que todos ao seu redor estejam envolvidos e informados.

No mundo corporativo, não basta apenas fazer o trabalho - é igualmente importante garantir que as pessoas saibam sobre o trabalho que você faz. Isso envolve não apenas transmitir informações sobre suas entregas, mas também conectá-las aos objetivos e visão da equipe ou empresa. Seja por meio de reuniões, e-mails, chats ou apresentações informais, a comunicação diária mantém todos na mesma página.

Assim como em uma série de TV, cada episódio da sua comunicação diária contribui para o enredo geral, construindo sua narrativa profissional e aumentando o interesse do público (ou seja, seus colegas e líderes). Ao criar conexões claras entre seu trabalho e o sucesso da equipe, você não apenas informa, mas também inspira e influencia positivamente aqueles ao seu redor.

Portanto, lembre-se de que a comunicação não é uma tarefa única, mas uma jornada contínua. Torne-a parte integrante de sua rotina diária, e você verá como isso pode impactar significativamente sua presença e reconhecimento no ambiente de trabalho, criando uma narrativa poderosa e envolvente sobre o que você faz e por que é importante.

Estratégias de Comunicação

Uma comunicação eficaz é uma combinação harmoniosa entre o que você diz, como você diz e quando você diz. Aqui estão algumas estratégias detalhadas:

Segmentação Inteligente: Cada grupo dentro de uma organização é como um público em um espetáculo. Conhecê-los é crucial. Assim como um ator adapta sua performance ao público, você deve ajustar sua comunicação para atender às particularidades de cada grupo. Seus colegas de equipe podem preferir mensagens curtas e diretas para atualizações diárias, enquanto os stakeholders podem valorizar relatórios mais detalhados e com uma visão estratégica. A segmentação inteligente permite que você fale a língua de cada grupo, aumentando a eficácia da sua mensagem.

Momento Estratégico: A escolha do momento certo é como acertar o ritmo em uma dança. Saber quando se comunicar é essencial. Por exemplo, as manhãs tendem a ser ideais para atualizações de projetos, quando todos estão mais focados. No entanto, as sextas-feiras podem ser mais adequadas para momentos de reflexão e feedbacks, já que as pessoas tendem a estar mais descontraídas no final da semana. Entender o timing apropriado ajuda a garantir que sua mensagem seja bem-recebida.

Métodos Versáteis: Imagine que você é um músico e seu repertório é composto por diferentes instrumentos. Assim como um músico escolhe o instrumento certo para a música certa, você deve selecionar o método de comunicação mais adequado. Uma videoconferência pode ser perfeita para discussões em grupo, proporcionando uma experiência mais próxima à de uma reunião presencial. Por outro lado, um e-mail bem estruturado pode ser a escolha certa para atualizações formais, fornecendo um registro escrito. A versatilidade na escolha de métodos garante que sua mensagem seja eficaz e alcance o público da maneira mais apropriada.

Feedbacks e Reflexões: Lembra-se do ator que revisa suas atuações para melhorar? O mesmo princípio se aplica à comunicação. Sempre busque feedbacks e oportunidades para refletir. Pergunte às pessoas como sua comunicação poderia ser aprimorada. Avalie as situações em que suas mensagens tiveram sucesso e aquelas em que não funcionaram tão bem. Aprendizado contínuo e adaptação são essenciais para melhorar constantemente suas habilidades de comunicação.

Exemplos Ilustrativos: Vamos trazer isso à vida com exemplos do dia a dia. Imagine que você está liderando um projeto de desenvolvimento de software. Para sua equipe, você pode optar por um canal de comunicação instantânea para atualizações rápidas e discussões técnicas. Já para os stakeholders e a alta gestão, você prepara um relatório mensal detalhado que destaca marcos alcançados e próximos passos. Dessa forma, você atende às necessidades de ambos os grupos de maneira eficaz.

Não existe fórmula para uma boa comunicação, mas um conjunto de habilidades adaptáveis. Com a prática e a aplicação dessas estratégias, você pode criar uma sinfonia de comunicação que ressoa com seu público e impulsiona o sucesso em sua carreira.

A Psicologia por Trás da Comunicação

A comunicação é um elemento essencial em todas as interações humanas. Desde os primeiros gestos e grunhidos dos nossos antepassados até a complexidade das mensagens transmitidas na era digital, a comunicação desempenha um papel fundamental na nossa sobrevivência e desenvolvimento. Mas o que acontece nos bastidores quando estamos envolvidos em uma conversa? Como o ouvinte se sente e como seu cérebro responde a essa comunicação? Vamos explorar a psicologia e biologia por trás da comunicação e a importância de entender o ponto de vista do ouvinte.

A Ciência da Comunicação: O Papel Fundamental do Cérebro

A comunicação é uma dança complexa que envolve dois ou mais participantes. Quem fala busca transmitir uma mensagem clara, enquanto quem ouve desempenha um papel igualmente crucial. O cérebro humano é um órgão incrivelmente adaptável e complexo, projetado para processar informações constantemente. Quando nos comunicamos, ativamos várias áreas do cérebro, incluindo aquelas relacionadas à linguagem, emoções e tomada de decisões.

A compreensão da linguagem, por exemplo, é uma habilidade notável do cérebro humano. Quando ouvimos palavras e frases, nosso cérebro as interpreta rapidamente, atribuindo significado e contexto. A entonação, o ritmo e até mesmo as pausas na fala também desempenham um papel importante na interpretação das mensagens. Nosso cérebro está constantemente fazendo suposições e preenchendo lacunas para criar um quadro completo da comunicação.

A Importância da Empatia e das Emoções

Outro aspecto essencial da comunicação é a empatia. Quando alguém se comunica conosco, nosso cérebro automaticamente tenta entender não apenas as palavras, mas também o estado emocional e a intenção por trás delas. A empatia nos permite conectar-nos emocionalmente com o comunicador, criar laços e fortalecer relacionamentos. Por outro lado, uma falha na empatia pode levar a mal-entendidos, conflitos e desconexão.

Quando alguém se sente ouvido e compreendido durante uma conversa, seu cérebro libera hormônios que promovem sentimentos de bem-estar e segurança. Em contrapartida, a falta de empatia ou uma comunicação inadequada pode acionar o sistema de ameaça do cérebro, levando a respostas de estresse e ansiedade.

A Comunicação e a Neurociência

A compreensão da psicologia e biologia por trás da comunicação pode nos ajudar a aprimorar nossas habilidades de comunicação. Aqui estão algumas dicas baseadas na ciência para melhorar a comunicação:

Pratique a Escuta Ativa

A escuta ativa é uma habilidade poderosa que vai muito além de simplesmente ouvir palavras. Quando praticamos a escuta ativa, estamos envolvidos emocionalmente e intelectualmente na conversa, demonstrando interesse genuíno pelo que a outra pessoa está compartilhando. Mas qual é o impacto dessa habilidade no cérebro de quem está sendo ouvido?

A resposta reside em nosso cérebro e na forma como ele processa as interações sociais. Quando alguém se sente verdadeiramente ouvido e compreendido, ocorre uma série de eventos neurobiológicos que contribuem para a formação de conexões significativas e fortalecimento de relacionamentos.

Primeiramente, a ativação de áreas cerebrais relacionadas à empatia e compreensão, como o córtex pré-frontal, é fundamental durante a escuta ativa. Essas áreas são responsáveis por interpretar as emoções e intenções do interlocutor. Ao dedicar atenção plena a uma conversa, ativamos essas regiões, o que nos permite compreender melhor o ponto de vista do outro.

Além disso, a liberação de hormônios como a oxitocina, frequentemente chamada de "hormônio do amor" ou "hormônio da ligação", é facilitada durante interações de escuta ativa. A oxitocina desempenha um papel crucial no fortalecimento dos laços sociais, criando uma sensação de confiança e conexão entre as pessoas.

Por outro lado, quando alguém não se sente ouvido, os efeitos podem ser opostos. A falta de engajamento emocional durante uma conversa pode levar a sentimentos de isolamento e desinteresse. Em termos cerebrais, isso pode resultar em uma menor liberação de oxitocina e uma conexão mais fraca.

A escuta ativa é uma prática que vai além das palavras e tem um impacto profundo em nosso cérebro e em nossos relacionamentos. Ao se dedicar genuinamente a ouvir os outros, você não apenas demonstra empatia, mas também fortalece as conexões interpessoais e cria laços significativos. Portanto, lembre-se: a próxima vez que estiver em uma conversa, pratique a escuta ativa e observe como ela pode transformar suas interações em algo mais valioso e significativo.

Esteja Consciente da Linguagem Corporal

Você já ouviu a expressão "as palavras nem sempre dizem tudo"? Isso é especialmente verdadeiro quando se trata de comunicação interpessoal. A linguagem corporal desempenha um papel fundamental na forma como nos relacionamos com os outros, muitas vezes transmitindo mensagens mais poderosas do que as palavras pronunciadas. Entender e estar consciente da linguagem corporal pode ser um diferencial na construção de relacionamentos sólidos e bem-sucedidos.

A linguagem corporal inclui gestos, expressões faciais, postura, tom de voz e até mesmo o espaço pessoal que ocupamos em uma interação. É uma linguagem universal que todos nós falamos, independentemente de nossa cultura ou idioma. Aqui estão algumas maneiras pelas quais a linguagem corporal afeta nossos relacionamentos:

Expressão de Emoções: Nossas expressões faciais são uma janela direta para nossas emoções. Um sorriso genuíno pode indicar felicidade e simpatia, enquanto uma testa franzida pode sugerir preocupação ou desaprovação. Estar consciente das suas próprias expressões faciais e das dos outros ajuda a interpretar melhor as emoções nas interações.

Confiança e Postura: Manter uma postura ereta e fazer contato visual durante uma conversa transmite confiança e autoconfiança. Por outro lado, posturas fechadas, como cruzar os braços, podem indicar que você está na defensiva ou desconfortável. Conscientemente ajustar sua postura pode impactar positivamente a percepção que os outros têm de você.

Comunicação Não-Verbal: Muitas vezes, nossa linguagem corporal comunica mensagens que complementam ou contradizem nossas palavras. Se você diz "estou bem" com um tom de voz monótono e ombros caídos, sua linguagem corporal pode dizer o contrário. Estar alinhado entre sua fala e linguagem corporal é essencial para construir confiança.

Escuta Ativa: A linguagem corporal também desempenha um papel fundamental na escuta ativa. Manter contato visual, fazer gestos de cabeça para mostrar que você está acompanhando e evitar distrações físicas demonstra seu comprometimento em entender o que o outro está dizendo.

Adaptação Cultural: É importante lembrar que a linguagem corporal pode variar culturalmente. O que é considerado aceitável em uma cultura pode ser interpretado de maneira diferente em outra. Portanto, a consciência cultural é fundamental em contextos de comunicação internacional.

Estar consciente da linguagem corporal, tanto a sua quanto a dos outros, é uma habilidade valiosa na construção de relacionamentos sólidos e eficazes. Isso não significa que você precisa ser um especialista em linguagem corporal, mas sim estar aberto a observar e interpretar as pistas que a comunicação não verbal oferece. A próxima vez que se encontrar em uma interação, preste atenção à linguagem corporal, pois ela pode ser um guia valioso para compreender o que não está sendo dito em palavras.

Use uma Linguagem Clara

Em um mundo repleto de informações e mensagens, a clareza na comunicação é como uma luz brilhante em meio à escuridão. A linguagem clara é um componente fundamental para a construção de relacionamentos sólidos e eficazes, pois afeta tanto quem fala quanto quem ouve.

Quando nos expressamos de forma clara, estamos transmitindo nossas ideias de maneira direta e inequívoca. Isso significa evitar ambiguidades, jargões complicados e mensagens confusas. Aqui estão algumas maneiras pelas quais a linguagem clara beneficia tanto o comunicador quanto o receptor:

Clareza de Pensamento: Antes de comunicar algo com clareza, é necessário entender completamente o que queremos dizer. Isso nos obriga a organizar nossos pensamentos, identificar os pontos chave e eliminar informações desnecessárias. Como resultado, nossa capacidade de pensamento crítico e análise é aprimorada.

Evita Mal-Entendidos: A ambiguidade na comunicação frequentemente leva a mal-entendidos e confusões. Quando usamos uma linguagem clara, reduzimos significativamente a probabilidade de interpretações equivocadas, garantindo que nossa mensagem seja compreendida da maneira desejada.

Constrói Confiança: Comunicar-se de forma clara e honesta demonstra transparência e sinceridade. As pessoas tendem a confiar mais em indivíduos que se expressam sem rodeios, pois essa clareza sugere que não há intenções ocultas.

Facilita a Tomada de Decisão: Em contextos profissionais e pessoais, a clareza na comunicação é crucial para a tomada de decisões informadas. Quando as informações são apresentadas de forma concisa e compreensível, é mais fácil avaliar e tomar medidas apropriadas.

Reduz o Estresse: A confusão e a falta de clareza na comunicação podem ser fontes significativas de estresse. Ao usar uma linguagem clara, eliminamos uma das principais causas de tensão nas interações humanas.

Melhora as Relações: Relacionamentos saudáveis são construídos com base na compreensão mútua. Uma comunicação clara promove relacionamentos mais fortes e gratificantes, pois os envolvidos se sentem ouvidos e compreendidos.

Para o comunicador, a linguagem clara exige prática e atenção aos detalhes. Para o receptor, estar aberto a mensagens claras e disposto a fazer perguntas para esclarecimentos é igualmente importante.

A linguagem clara é uma ferramenta poderosa que não apenas melhora a comunicação, mas também fortalece relacionamentos, reduz conflitos e promove um ambiente mais positivo. Portanto, da próxima vez que se encontrar em uma conversa ou apresentação, lembre-se de que a clareza é uma via de mão dupla que beneficia tanto quem fala quanto quem ouve.

Cultive a Empatia

A empatia é uma habilidade fundamental na construção de relacionamentos significativos e saudáveis. Quando praticada adequadamente, ela não apenas fortalece os laços interpessoais, mas também desempenha um papel crucial no funcionamento do cérebro durante uma conversa.

O cérebro humano é uma maravilha da natureza, capaz de processar uma quantidade incrível de informações a cada segundo. No entanto, para estabelecer conexões reais com os outros, precisamos ir além do processamento superficial e entrar em sintonia com as emoções e experiências de quem está à nossa frente. É aí que a empatia entra em cena.

Quando somos empáticos durante uma conversa, nosso cérebro passa por uma série de respostas neurobiológicas. Primeiro, as áreas do cérebro responsáveis pela cognição social, como o córtex pré-frontal medial, tornam-se mais ativas. Essas regiões nos permitem entender as perspectivas e os sentimentos de outra pessoa, ajudando-nos a "ler" suas emoções.

Além disso, a liberação de neurônios-espelho em nosso cérebro nos permite imitar sutilmente as expressões faciais e gestos da pessoa com quem estamos interagindo. Isso cria uma sensação de conexão e compreensão mútua, estabelecendo uma base sólida para a construção de relacionamentos.

Mas a empatia não é apenas benéfica para quem a recebe; ela também traz recompensas para quem a prática. Sentir empatia libera hormônios como a oxitocina, que estão associados à sensação de bem-estar e à criação de laços emocionais. Isso significa que, quando nos esforçamos para entender e apoiar os outros emocionalmente, também estamos cuidando de nossa própria saúde mental e emocional.

A empatia, no entanto, não é uma habilidade passiva. Ela exige prática constante e atenção genuína. Aqui estão algumas dicas para cultivar a empatia em suas conversas:

Esteja Presente: Dedique sua atenção completa à pessoa com quem está conversando. Evite distrações e mostre que você está realmente interessado no que ela tem a dizer.

Ouça Ativamente: Demonstre que você está ouvindo não apenas com seus ouvidos, mas também com seu coração. Faça perguntas abertas para explorar os sentimentos e perspectivas da outra pessoa.

Pratique a Compreensão: Coloque-se no lugar do outro e tente compreender como ele se sente. Isso não significa necessariamente concordar, mas sim validar suas emoções.

Seja Paciente: Nem sempre é fácil expressar emoções ou pensamentos complexos. Dê tempo à pessoa para se expressar plenamente.

Mostre Apoio: Ofereça palavras de encorajamento e apoio emocional. Às vezes, tudo o que alguém precisa é saber que não está sozinho.

A empatia não apenas aprimora nossas interações sociais, mas também nos ajuda a construir relacionamentos profundos e genuínos. Ao praticar a empatia, você não apenas fortalece sua conexão com os outros, mas também experimenta os benefícios positivos em seu próprio cérebro e bem-estar emocional. Portanto, da próxima vez que se encontrar em uma conversa, lembre-se de que a empatia é uma ferramenta poderosa para a construção de relacionamentos significativos.

Esteja Aberto a Feedback

Estar aberto ao feedback é uma habilidade essencial na construção de relacionamentos sólidos e no aprimoramento pessoal e profissional. Quando você recebe feedback de maneira eficaz, não apenas demonstra inteligência emocional, mas também cria uma base sólida para o crescimento e desenvolvimento contínuos.

A inteligência emocional, que envolve o reconhecimento e a gestão das próprias emoções, é fundamental para acolher feedback de forma construtiva. Quando alguém lhe oferece feedback, seu cérebro pode reagir de várias maneiras, dependendo de sua habilidade em lidar com emoções.

A regulação emocional é a chave aqui. Se você se sente ameaçado ou defensivo quando recebe feedback crítico, seu cérebro pode entrar em modo de "luta ou fuga", tornando difícil ouvir de maneira objetiva. Por outro lado, se você desenvolveu a capacidade de reconhecer e gerenciar suas emoções, pode permanecer calmo e receptivo, permitindo que seu cérebro processe o feedback de maneira mais eficaz.

Quando você está aberto ao feedback, várias áreas do seu cérebro são ativadas. A região pré-frontal medial, associada à reflexão e à autorreflexão, entra em ação, permitindo que você avalie o feedback de maneira ponderada. Além disso, a amígdala, que processa emoções, pode ser regulada com mais eficácia, ajudando-o a manter o controle emocional durante a conversa.

Aqui estão algumas dicas para estar aberto ao feedback:

Aceite a Realidade: Reconheça que ninguém é perfeito e que o feedback é uma oportunidade de aprendizado e crescimento.

Ouça com Empatia: Tente compreender a perspectiva da pessoa que está fornecendo o feedback. Pergunte esclarecimentos, se necessário.

Respire Fundo: Se sentir uma resposta emocional surgindo, respire profundamente para acalmar suas emoções e manter a clareza mental.

Agradeça: Agradeça à pessoa por compartilhar o feedback, independentemente de ser positivo ou construtivo.

Reflita e Aja: Após receber o feedback, reserve um tempo para refletir sobre ele. Considere como você pode aplicar as informações para melhorar.

A abertura ao feedback não apenas fortalece seus relacionamentos, mas também contribui para seu crescimento pessoal e profissional. Quando você é capaz de receber feedback de maneira construtiva, demonstra inteligência emocional e cria um ambiente de confiança e aprendizado mútuo. Portanto, da próxima vez que receber feedback, lembre-se de que está abrindo portas para o desenvolvimento e o aprimoramento contínuos.

A psicologia e biologia desempenham papéis fundamentais em nossa experiência de comunicação. Ao entender como nossos cérebros processam informações e emoções durante uma conversa, podemos nos tornar comunicadores mais eficazes, fortalecer relacionamentos e construir conexões significativas. A empatia, a clareza e a escuta ativa são chaves para uma comunicação bem-sucedida, tornando-nos não apenas melhores comunicadores, mas também melhores seres humanos.

DESAFIO

Crie um slide ou gráfico que destaque um aspecto significativo do seu trabalho recente. Se possível, peça feedback a um colega ou mentor.

Como ele te ajuda?

Visualização de Conquistas: Ao criar um slide ou gráfico, você visualiza de forma clara e concisa uma realização ou aspecto relevante do seu trabalho. Isso ajuda a identificar e enfatizar suas conquistas.

Comunicação Eficaz: A criação de um elemento visual, como um slide, permite que você comunique suas realizações de maneira mais eficaz e impactante. Gráficos e imagens podem transmitir informações complexas de forma simples.

Feedback Construtivo: Pedir feedback a um colega ou mentor é uma parte crucial do processo. Isso não apenas garante que suas mensagens sejam claras e compreensíveis, mas também permite que outras pessoas compartilhem insights sobre como destacar ainda mais suas realizações.

Material para Autopromoção: Uma vez criado, o slide ou gráfico pode ser usado em várias situações de autopromoção, como reuniões de avaliação, entrevistas de emprego, apresentações, redes sociais e até mesmo seu currículo.

Reflexão e Autoconhecimento: Ao se desafiar a criar essa representação visual, você também realiza uma reflexão pessoal sobre suas conquistas. Isso pode aumentar sua autoconsciência e autoestima.

LIDANDO COM A ANSIEDADE E O MEDO

Navegar pelo mundo profissional pode ser desafiador, especialmente quando confrontados com a Síndrome do Impostor, uma condição identificada por psicólogas na década de 1970, onde indivíduos bem-sucedidos duvidam de suas realizações e temem ser expostos como "fraudes". Este fenômeno, que transcende gênero e profissão, manifesta-se de várias formas, desde o perfeccionismo até a relutância em reconhecer a própria expertise. Ao compreender suas nuances e adotar estratégias de enfrentamento, como técnicas de respiração e meditação, podemos abraçar nosso verdadeiro potencial e aliviar as pressões autoimpostas.

CONHEÇA OS TEMIDOS SABOTADORES

Os 9 Sabotadores, um conceito popularmente conhecido na área de inteligência emocional, foram desenvolvidos por Shirzad Chamine, um autor e coach executivo. Shirzad Chamine é o fundador do Positive Intelligence, um programa que visa melhorar o desempenho pessoal e profissional, abordando a inteligência emocional.

O conceito dos 9 Sabotadores tem sua base em pesquisas sobre psicologia positiva e neurociência. Chamine conduziu estudos extensivos para identificar os principais padrões de pensamento negativo e comportamentos que afetam nossa qualidade de vida, desempenho e bem-estar emocional.

Esses padrões de pensamento negativo, ou "Sabotadores", foram identificados em seus estudos como elementos que nos impedem de alcançar nosso verdadeiro potencial e nos afastam do estado de "Sábio". O "Sábio" é o estado mental oposto aos Sabotadores, associado a emoções positivas, resiliência e clareza de pensamento.

O Positive Intelligence utiliza uma avaliação chamada "Saboteur Assessment" para ajudar as pessoas a identificarem seus Sabotadores pessoais e entender como esses padrões de pensamento negativo afetam sua vida e decisões. Uma vez identificados, o programa ensina estratégias para fortalecer a "Mente Sábia" e neutralizar a influência dos Sabotadores.

O conceito dos 9 Sabotadores tem sido amplamente utilizado em coaching e desenvolvimento pessoal para ajudar as pessoas a superarem obstáculos mentais e alcançar um estado mais positivo e produtivo. Foi desenvolvido com base em evidências científicas e pesquisas extensas sobre o funcionamento da mente humana, fornecendo uma estrutura útil para melhorar a inteligência emocional e a qualidade de vida.

A MATRIZ DOS SABOTADORES

Existe uma poderosa matriz que nos ajuda a entender nossos sabotadores, conhecida como Matriz de Sabotadores. Ela utiliza dois eixos principais: motivação (independência, aceitação, segurança) e estilo (evitar, ganhar, afirmar). Essa matriz ajuda a identificar padrões de pensamento negativo que podem atrapalhar nosso progresso. Ao compreender esses sabotadores e como eles se relacionam com nossa motivação e estilo, podemos melhorar nossa comunicação e habilidades de autopromoção, neutralizando esses padrões e impulsionando nosso sucesso profissional e pessoal.

		MOTIVAÇÃO		
		Independência	Aceitação	Segurança
ESTILO	Afirmar	Controlador	Hiper Realizador	Inquieto
	Ganhar	Insistente	Prestativo	Hiper vigilante
	Evitar	Esquivo	Vítima	Hiper Racional

A Matriz dos Sabotadores, desenvolvida por Shirzad Chamine, é uma estrutura que ajuda a compreender nossos padrões de pensamento negativo e como eles impactam nosso comportamento. Ela é composta por três eixos principais: Motivação, Independência, Aceitação e Segurança; e Estilo, Evitar, Ganhar e Afirmar. Veja como essa matriz funciona:

Eixo de Motivação:

- **Independência**: Nesse extremo do eixo, a motivação principal é a autonomia e o desejo de independência. As pessoas com uma motivação de independência tendem a ser autodirigidas, inovadoras e muitas vezes buscam a excelência.

- **Aceitação**: No extremo oposto, a motivação principal é a aceitação pelos outros. Indivíduos com uma motivação de aceitação valorizam o relacionamento interpessoal, buscam harmonia e têm um forte desejo de pertencer a um grupo.

- **Segurança**: O equilíbrio entre independência e aceitação é a motivação de segurança. As pessoas motivadas pela segurança buscam estabilidade, previsibilidade e se preocupam com a segurança pessoal e financeira.

Eixo de Estilo:

- **Evitar**: No extremo do eixo de estilo, temos o "evitar". Os sabotadores que operam nesse estilo tendem a evitar situações desafiadoras, conflitos ou confrontos. Eles podem ser cautelosos demais e relutantes em correr riscos.

- **Ganhar**: O estilo de "ganhar" está no extremo oposto. Aqui, os sabotadores são motivados a vencer, competir e alcançar o sucesso a qualquer custo. Eles podem ser altamente competitivos e podem ignorar o impacto de suas ações nos outros.

- **Afirmar**: O equilíbrio entre evitar e ganhar é o estilo de "afirmar". Pessoas que operam nesse estilo buscam soluções colaborativas, comunicam-se de forma assertiva e buscam um equilíbrio entre metas pessoais e relacionamentos.

A matriz combina esses dois eixos, permitindo que você identifique seus principais sabotadores e como eles se manifestam em sua motivação e estilo. Ao compreender melhor seus sabotadores, você pode trabalhar para neutralizá-los, desenvolver suas forças e melhorar sua capacidade de comunicação e autopromoção.

Por exemplo, alguém com um sabotador que opera no estilo "ganhar" e motivação de "independência" pode ser altamente competitivo e relutante em pedir ajuda aos outros. Reconhecendo isso, essa pessoa pode aprender a equilibrar seu estilo, buscando colaboração quando apropriado e se comunicando de forma mais eficaz no ambiente profissional.

POR QUE OS SABOTADORES SÃO IMPORTANTES NO DESENVOLVIMENTO DA MINHA MARCA PESSOAL?

Os 9 Sabotadores, desenvolvidos por Shirzad Chamine como parte da inteligência emocional, podem influenciar indiretamente a capacidade de autopromoção e comunicação eficaz. Esses padrões de pensamento negativo, incluindo os Sabotadores "Insistente", "Prestativo", "Hiper vigilante", "Controlador", "Hiper realizador", "Vítima", "Esquivo", "Inquieto" e "Hiper-racionaliza", podem afetar a maneira como nos vemos e como nos comunicamos no ambiente profissional.

Por exemplo, alguém com o Sabotador "Controlador" pode ter dificuldade em permitir que os outros se destaquem ou contribuam, o que pode prejudicar a capacidade de criar conexões autênticas e colaborativas. O Sabotador "Vítima" pode minar a autoconfiança e a capacidade de se autopromover de maneira assertiva. O "Insistente" pode ser tão focado em suas próprias ideias que não ouve ou valoriza as contribuições dos outros, afetando a qualidade de sua comunicação.

Portanto, ao lidar com esses Sabotadores, é importante desenvolver a autoconsciência e a capacidade de neutralizá-los, pois isso pode criar uma base mais sólida para se autopromover e comunicar de maneira mais eficaz. Reconhecer e abordar esses padrões de pensamento negativo é fundamental para construir uma autoimagem positiva e construtiva, permitindo assim uma comunicação mais autêntica e assertiva no ambiente profissional.

Quero agora analisar com vocês de forma detalhada dos nove sabotadores que podem impactar significativamente nossa habilidade de autopromoção. Cada um desses sabotadores tem o potencial de minar nossos esforços para mostrar nosso trabalho e alcançar nossos objetivos profissionais. Vamos explorar como eles se relacionam com a autopromoção, destacando seus efeitos prejudiciais e discutindo estratégias para combatê-los eficazmente. À medida que desvendamos esses sabotadores, você descobrirá maneiras poderosas de construir sua marca pessoal de forma mais eficaz e autêntica. Prepare-se para uma jornada de autoconhecimento e desenvolvimento profissional.

O SABOTADOR CONTROLADOR: LIBERTE-SE DO COMANDO!

No vasto terreno da autopromoção, encontramos inúmeros desafios, mas poucos são tão notórios quanto os sabotadores internos. Estes são padrões mentais negativos que podem minar nossos esforços e impedir que mostremos nosso trabalho de forma autêntica e confiante. Um dos mais astutos entre eles é o "Controlador".

O Controlador em Ação

O sabotador Controlador se manifesta através de um desejo excessivo de controlar todas as situações e variáveis. Esse sabotador faz você acreditar que, a menos que você esteja no comando absoluto, tudo dará errado. Esses são alguns dos pensamentos que o Controlador costuma manifestar:

"Eu sou o único que pode fazer isso direito."

"Ninguém mais é tão competente quanto eu."

"As coisas só funcionam quando estou no controle."

Imagine a seguinte situação:

Você é parte de uma equipe altamente competente em um projeto importante. O Controlador interior se manifesta quando você se encontra assumindo a maior parte das tarefas, acreditando que, se você não fizer, ninguém mais fará adequadamente. Sua tentativa de controlar cada aspecto do projeto cria um ambiente de desconfiança entre você e seus colegas de equipe. Você não apenas se sobrecarrega, mas também aliena seus colegas e prejudica o ambiente de trabalho colaborativo.

O Impacto na Autopromoção

Quando se trata de autopromoção, o Controlador pode ser um grande obstáculo. Sua necessidade de controlar todas as informações e apresentações pode se traduzir em uma abordagem excessivamente rígida. Isso faz com que você pareça inflexível e, muitas vezes, pode alienar colegas ou superiores que preferem uma abordagem mais colaborativa. Além disso, o Controlador pode resistir a pedir ajuda ou delegar tarefas, o que pode sobrecarregá-lo e prejudicar seu desempenho.

Identificação e Combate

A primeira etapa para combater o sabotador Controlador é a conscientização. Reconheça quando esses pensamentos e comportamentos estão em ação. Lembre-se de que a necessidade de controle excessivo é muitas vezes baseada no medo ou na falta de confiança.

Uma vez identificado, trabalhe para soltar o controle em situações apropriadas. Pratique a delegação e o trabalho em equipe, confiando nos outros para contribuir de maneira significativa. E, mais importante, lembre-se de que compartilhar o controle não é uma fraqueza, mas uma força. A capacidade de confiar e colaborar com os outros é altamente valorizada em ambientes profissionais.

O sabotador Controlador pode ser um desafio real, mas com autoconsciência e prática, você pode aprender a liberar seu controle excessivo e abraçar uma abordagem mais equilibrada e eficaz na autopromoção. Leve consigo a compreensão de que, ao permitir que outros brilhem, você também se destaca.

O SABOTADOR HIPER REALIZADOR: QUANDO "BOM O SUFICIENTE" NÃO É SUFICIENTE

Na busca incessante pela excelência, muitos de nós almejam ser hiper-realizações. Esse padrão, embora possa parecer positivo, pode ser um sabotador interno prejudicial, especialmente quando se trata de autopromoção.

O Hiper realizador em Ação

O sabotador Hiper realizador se manifesta através da incessante busca pela perfeição. Essa voz interna está sempre pressionando para fazer mais, alcançar mais e superar os padrões já elevados. Alguns dos pensamentos que o Hiper realizador frequentemente manifesta incluem:

"Eu só serei bem-sucedido se tudo sair perfeito."

"Boa o suficiente não é suficiente."

"Eu devo fazer tudo sozinho para garantir que seja feito corretamente."

Imagine a seguinte situação:

Você está preparando uma apresentação importante para sua equipe e passou horas polindo cada detalhe, mesmo que o prazo seja apertado. Você refez os gráficos várias vezes, ensaiou sua fala incessantemente e não permitiu nenhum erro. No entanto, quando chega a hora da apresentação, seu perfeccionismo o deixa nervoso e tenso. Qualquer pequeno deslize o desestabiliza e você sente que falhou, apesar de ter se saído muito bem.

O Impacto na Autopromoção

O sabotador Hiper realizador pode dificultar a autopromoção de várias maneiras. Primeiramente, essa busca incessante pela perfeição pode resultar em procrastinação e atrasos, já que você se sente incapaz de agir até que tudo esteja "perfeito". Além disso, esse padrão pode ser alienante, fazendo com que você se afaste de colaborações ou oportunidades que não atendam aos seus padrões elevados. Por fim, a necessidade de controle pode levá-lo a tentar fazer tudo sozinho, o que pode ser exaustivo e insustentável.

Identificação e Combate

Para combater o sabotador Hiper realizador, é fundamental reconhecer quando sua busca pela perfeição está prejudicando mais do que ajudando. Em muitos casos, "bom o suficiente" é realmente suficiente, e é importante aceitar que ninguém é perfeito.

Comece estabelecendo padrões realistas e gerenciáveis para si mesmo e suas tarefas. Defina prazos e limites de tempo realistas, e aprenda a reconhecer quando um projeto ou tarefa está completo, mesmo que não seja "perfeito". Pratique delegação e trabalhe em equipe, reconhecendo que a colaboração pode levar a resultados surpreendentemente bons.

A busca pela excelência é admirável, mas quando leva à exaustão e ao isolamento, é hora de reavaliar seu sabotador Hiper realizador e permitir-se a liberdade de ser humano, com falhas e imperfeições.

Lembre-se de que, muitas vezes, é o processo e o esforço contínuo que são mais valorizados do que a perfeição em si.

O SABOTADOR INQUIETO: QUANDO A INQUIETAÇÃO PODE IMPEDIR O BRILHO

O sabotador Inquieto é como um constante agitador interno que nos mantém inquietos, buscando incessantemente algo novo e emocionante. Embora essa característica possa parecer positiva, pode ser prejudicial à autopromoção.

O Inquieto em Ação

O sabotador Inquieto manifesta-se através de uma sensação persistente de inquietação e busca de novas experiências. Alguns dos pensamentos que o Inquieto frequentemente apresenta incluem:

"Eu não posso ficar muito tempo fazendo a mesma coisa."

"Se eu não buscar algo novo agora, vou ficar entediado."

"A estabilidade é entediante; eu preciso de desafios constantes."

Imagine a seguinte situação:

Você está trabalhando em um projeto importante para sua equipe e está fazendo um progresso significativo. No entanto, de repente, você se sente entediado e inquieto com a ideia de continuar fazendo o mesmo trabalho. Você decide abandonar o projeto no meio do caminho para buscar algo mais emocionante, deixando seu trabalho inacabado.

O Impacto na Autopromoção

O sabotador Inquieto pode afetar negativamente a autopromoção de várias maneiras. A inconstância resultante da busca incessante por novidades pode fazer com que os outros o vejam como alguém que não consegue se comprometer com nada por muito tempo. Isso pode prejudicar a construção de relacionamentos de trabalho sólidos e a confiança em sua capacidade de entregar resultados consistentes.

Identificação e Combate

Para combater o sabotador Inquieto, é essencial reconhecer quando a inquietação está atrapalhando seus objetivos e a construção de sua marca pessoal. Aprenda a diferenciar entre a busca legítima por novos desafios e a inquietação infundada. Estabeleça metas claras e comprometa-se a concluí-las antes de procurar novos estímulos.

Pratique a paciência e a persistência, lembrando-se de que o crescimento e o sucesso muitas vezes vêm da dedicação a longo prazo. Concentre-se em desenvolver sua capacidade de se aprofundar em projetos e dominar habilidades em vez de saltar de uma coisa para outra. Lembre-se de que, às vezes, a verdadeira gratificação e reconhecimento vêm da perseverança e do aprimoramento constante em vez da busca constante por algo novo.

O SABOTADOR INSISTENTE: QUANDO A PERSISTÊNCIA SE TORNA UM OBSTÁCULO

O sabotador Insistente é como uma voz interna que insiste em sempre seguir o mesmo caminho, mesmo quando não é o mais eficaz. Embora a persistência seja uma qualidade valiosa, esse sabotador pode transformá-la em um obstáculo à autopromoção.

O Insistente em Ação

O sabotador Insistente manifesta-se através de uma determinação inflexível em seguir um único caminho, mesmo quando as circunstâncias mudam ou quando há evidências de que a abordagem atual não está funcionando. Alguns dos pensamentos que o Insistente frequentemente apresenta incluem:

"Eu me comprometi com isso, então devo continuar, não importa o quê."

"Mudar de ideia ou estratégia é sinal de fraqueza."

"Eu vou mostrar que estou certo, não importa o que aconteça."

Imagine a seguinte situação:

Você está liderando um projeto em sua equipe e escolheu uma estratégia específica para alcançar os objetivos. Conforme o projeto avança, você percebe que a estratégia não está funcionando como o planejado e que outras abordagens podem ser mais eficazes. No entanto, o sabotador Insistente o impede de considerar outras opções, e você continua a seguir o caminho original, mesmo quando é evidente que ele não está funcionando.

O Impacto na Autopromoção

O sabotador Insistente pode impactar negativamente a autopromoção, pois a teimosia em seguir uma única abordagem pode resultar em resultados abaixo do esperado. Os outros podem perceber essa inflexibilidade como falta de adaptabilidade e resistência à mudança, o que pode prejudicar sua capacidade de construir relacionamentos de trabalho sólidos e de demonstrar sua capacidade de adaptação e aprendizado.

Identificação e Combate

Para combater o sabotador Insistente, é fundamental aprender a reconhecer quando a persistência está se transformando em teimosia. Esteja aberto a ouvir feedbacks e a considerar outras abordagens quando as circunstâncias o exigirem. Pratique a flexibilidade e esteja disposto a ajustar seu curso quando necessário.

Lembre-se de que a verdadeira resiliência envolve adaptar-se às mudanças e aprender com os desafios. Demonstrar sua capacidade de avaliar criticamente e ajustar seu plano quando apropriado pode ser uma qualidade valiosa na autopromoção. Portanto, esteja disposto a ser persistente, mas também flexível, sempre buscando o equilíbrio certo entre ambas as qualidades.

O SABOTADOR PRESTATIVO: QUANDO AJUDAR SE TORNA UM OBSTÁCULO

O sabotador Prestativo é aquele que o leva a priorizar constantemente as necessidades dos outros em detrimento das suas. Embora ser prestativo seja uma qualidade admirável, esse sabotador pode impedir a sua autopromoção.

O Prestativo em Ação

O sabotador Prestativo se manifesta quando você coloca as necessidades, desejos e expectativas dos outros acima das suas. Alguns dos pensamentos que o Prestativo frequentemente apresenta incluem:

"Preciso ajudar todos que pedirem, mesmo que isso me prejudique."

"As necessidades dos outros são mais importantes do que as minhas."

"Se eu disser não, serei egoísta ou insensível."

Imagine a seguinte situação:

Você está trabalhando em um projeto crucial com prazos apertados. Um colega pede sua ajuda em um projeto pessoal que não está relacionado ao trabalho e que vai tomar muito do seu tempo. O sabotador Prestativo o faz aceitar esse pedido imediatamente, mesmo sabendo que isso prejudicará o progresso do projeto de trabalho e afetará a sua produtividade.

O Impacto na Autopromoção

O sabotador Prestativo pode afetar negativamente a autopromoção, pois, ao priorizar constantemente os outros, você pode negligenciar suas próprias necessidades e objetivos profissionais. Isso pode resultar em falta de tempo e energia para se concentrar em seu desenvolvimento pessoal e na promoção do seu trabalho.

Além disso, os outros podem começar a vê-lo como alguém que está sempre disponível para ajudar, mas que não tem ambição ou foco em sua própria carreira. Isso pode prejudicar a percepção das suas habilidades e ambições profissionais.

Identificação e Combate

Para combater o sabotador Prestativo, é importante estabelecer limites claros e aprender a dizer não quando necessário. Lembre-se de que dizer não a um pedido não o torna egoísta ou insensível, mas sim alguém que valoriza seu tempo e energia.

Pratique a priorização de suas próprias metas e objetivos, reservando tempo para seu desenvolvimento pessoal e profissional. Ao encontrar o equilíbrio entre ser prestativo e cuidar de si mesmo, você se torna mais eficaz na autopromoção e na busca por suas metas de carreira.

O SABOTADOR HIPER VIGILANTE: QUANDO A PREOCUPAÇÃO EXCESSIVA SE TORNA UMA BARREIRA

O sabotador Hiper vigilante é o mestre da preocupação excessiva. Ele o faz acreditar que é preciso estar constantemente alerta para possíveis problemas e perigos. Embora a cautela seja uma qualidade valiosa, esse sabotador pode prejudicar sua autopromoção.

O Hiper vigilante em Ação

O sabotador Hiper vigilante se manifesta quando você se preocupa demais com cenários negativos, perigos imaginários ou desastres que possam ocorrer. Alguns dos pensamentos típicos do Hiper vigilante incluem:

"Tenho que estar preparado para qualquer situação, mesmo que seja improvável."

"As coisas vão dar errado se eu não estiver constantemente vigilante."

"Se eu não me preocupar o tempo todo, as coisas vão sair do controle."

Imagine a seguinte situação:

Você recebe um convite para dar uma apresentação em uma conferência importante relacionada ao seu trabalho. Em vez de se concentrar na oportunidade de compartilhar seu conhecimento e promover seu trabalho, o sabotador Hiper vigilante começa a inundar sua mente com preocupações sobre o que pode dar errado. Você se preocupa com a possibilidade de esquecer o conteúdo da apresentação, de ser questionado de forma hostil ou de não corresponder às expectativas da audiência.

O Impacto na Autopromoção

O sabotador Hiper vigilante pode prejudicar a autopromoção, pois o faz hesitar, procrastinar ou evitar oportunidades de exposição. A preocupação excessiva pode paralisá-lo, impedindo-o de assumir riscos calculados e de mostrar seu trabalho de forma confiante.

Além disso, quando você está constantemente preocupado com o que pode dar errado, isso transparece em sua comunicação. Sua falta de confiança é perceptível, o que pode afastar colegas e superiores, tornando mais difícil conquistar reconhecimento e oportunidades de crescimento.

Identificação e Combate

Para combater o sabotador Hiper vigilante, é importante aprender a gerenciar suas preocupações de forma mais eficaz. Pratique a mindfulness e a autoconsciência para reconhecer quando essas preocupações excessivas estão surgindo.

Avalie racionalmente os riscos e benefícios de uma situação antes de tomar uma decisão. Lembre-se de que a preocupação excessiva não o mantém seguro; ela o impede de crescer e se destacar. Desafie os pensamentos negativos e substitua-os por afirmações mais realistas e positivas.

Aprenda a confiar em sua preparação e em suas habilidades. À medida que você desenvolve a confiança em si mesmo e reduz a preocupação excessiva, estará mais apto a se autopromover de maneira eficaz e aproveitar as oportunidades que se apresentam em sua carreira.

O SABOTADOR ESQUIVO: QUANDO A FUGA IMPEDE O RECONHECIMENTO

O sabotador Esquivo é especialista em evitar confrontos e desconforto. Ele o convence de que é melhor se manter afastado de situações desafiadoras ou críticas. No entanto, essa fuga constante pode prejudicar sua autopromoção.

O Esquivo em Ação

O sabotador Esquivo se manifesta quando você foge de situações em que precisa se expor, dar sua opinião ou lidar com feedback crítico. Ele cria pensamentos como:

"Prefiro não me envolver em conflitos ou debates. Não vale a pena."

"Não quero ser julgado pelos outros, então vou me manter discreto."

"É mais seguro ficar na minha zona de conforto e evitar situações desconfortáveis."

Imagine a seguinte situação:

Você participa de uma reunião de equipe em que são discutidos projetos e ideias. Quando surge a oportunidade de apresentar sua própria contribuição, o sabotador Esquivo o faz recuar. Você se sente desconfortável com a ideia de compartilhar suas opiniões e ideias, optando por permanecer em silêncio. Você deixa passar a oportunidade de se destacar e mostrar seu trabalho.

O Impacto na Autopromoção

O sabotador Esquivo pode dificultar sua autopromoção, pois o impede de se posicionar, compartilhar suas ideias e mostrar seu valor. Sua aversão a situações desconfortáveis o mantém na sombra, impedindo-o de conquistar reconhecimento e oportunidades de liderança.

Além disso, ao evitar feedbacks construtivos e situações desafiadoras, você deixa de aprender e crescer. A autopromoção exige a capacidade de lidar com críticas e desafios, e o sabotador Esquivo pode minar esse processo.

Identificação e Combate

Para combater o sabotador Esquivo, é fundamental desenvolver a capacidade de enfrentar o desconforto e o confronto de maneira construtiva. Comece praticando a autoconsciência para identificar quando o sabotador está agindo.

Desafie a crença de que evitar confrontos e situações desconfortáveis é a melhor opção. Reconheça que enfrentar esses desafios pode levar a um crescimento significativo em sua carreira.

Busque oportunidades de se posicionar, compartilhar suas ideias e aceitar feedbacks de forma aberta e construtiva. Quanto mais você enfrentar o sabotador Esquivo, mais capaz será de se autopromover eficazmente e conquistar o reconhecimento que merece em sua trajetória profissional.

O SABOTADOR VÍTIMA: ABANDONANDO O PAPEL DE COADJUVANTE

O sabotador Vítima é mestre em se sentir injustiçado, impotente e culpar os outros por suas dificuldades. Ele o convence de que você está à mercê das circunstâncias, tornando difícil a promoção de si mesmo.

O Vítima em Ação

O sabotador Vítima gera pensamentos como:

"Sempre dão oportunidades melhores aos outros, mas nunca a mim."

"A culpa é dos outros; eles não reconhecem meu valor."

"A vida é injusta, e eu sou apenas uma vítima das circunstâncias."

Imagine a seguinte situação:

Você está em uma reunião em que um colega apresenta um projeto bem-sucedido e recebe elogios merecidos. Em vez de reconhecer a conquista do colega e pensar em como você pode se destacar da mesma maneira, o sabotador Vítima o faz se sentir injustiçado e desvalorizado. Você se ressente do sucesso do colega, convencido de que o reconhecimento nunca chega até você.

O Impacto na Autopromoção

O sabotador Vítima é um obstáculo significativo para a autopromoção, pois o mantém preso ao papel de coadjuvante em sua própria carreira. Ao culpar os outros e a vida pelas dificuldades, você perde o controle sobre sua narrativa profissional.

Esse sabotador pode criar uma mentalidade de derrotado, levando a autorreflexões negativas e, consequentemente, a uma falta de confiança em sua capacidade de se autopromover.

Identificação e Combate

Para combater o sabotador Vítima, é fundamental assumir a responsabilidade por sua própria carreira e narrativa. Comece praticando a gratidão e reconhecendo suas próprias conquistas, por menores que sejam.

Desafie a mentalidade de vítima questionando os pensamentos negativos e evitando culpar os outros. Concentre-se em ações que você pode tomar para promover sua carreira, em vez de se sentir impotente.

Lembre-se de que a vida profissional é moldada por escolhas e ações, e você tem o poder de criar sua própria narrativa. Ao deixar de lado o sabotador Vítima, você se capacita a se autopromover de maneira eficaz, assumindo o controle de sua trajetória profissional.

O SABOTADOR HIPER RACIONAL: QUANDO A LÓGICA SE TORNA UM OBSTÁCULO

O sabotador Hiper racional é aquele que exagera na análise lógica, tornando-se excessivamente crítico e analítico em relação a si mesmo e aos outros. Embora a racionalidade seja valiosa, quando levada ao extremo, ela pode impactar negativamente na autopromoção.

O Hiper racional em Ação

O sabotador Hiper racional tende a manifestar pensamentos como:

"Nada é bom o suficiente, sempre posso encontrar falhas."

"Preciso analisar tudo em detalhes antes de agir."

"A intuição e a criatividade são irracionais; vou confiar apenas na lógica."

Imagine a seguinte situação:

Você está prestes a fazer uma apresentação no trabalho, mas o sabotador Hiper racional entra em ação. Você passa horas revisando e refinando seus slides, temendo qualquer erro ou imprecisão. Como resultado, você está atrasado e chega à apresentação com uma mentalidade excessivamente crítica. Isso não apenas aumenta seu estresse, mas também prejudica sua capacidade de se comunicar com confiança e entusiasmo.

O Impacto na Autopromoção

O sabotador Hiper racional pode impactar negativamente na autopromoção, pois leva à procrastinação excessiva e à autoexigência implacável. Isso pode impedir que você se promova de maneira eficaz, sempre buscando a perfeição e hesitando em compartilhar seu trabalho.

Além disso, o foco excessivo na lógica pode levar à falta de criatividade e intuição, que são componentes importantes da autopromoção bem-sucedida.

Identificação e Combate

Para combater o sabotador Hiper racional, é importante encontrar um equilíbrio entre a lógica e outros aspectos de sua mente, como a intuição e a criatividade.

Desafie a necessidade de analisar tudo em detalhes antes de agir e esteja ciente de que, muitas vezes, a busca pela perfeição pode ser paralisante. Aprenda a confiar em sua intuição e a tomar decisões baseadas em uma combinação de lógica e experiência.

Lembre-se de que a autopromoção também envolve a habilidade de comunicar com paixão e entusiasmo, além de fatos e números. Ao encontrar o equilíbrio entre a racionalidade e a expressão autêntica, você pode se autopromover de maneira mais eficaz e confiante.

De invisível a inesquecível

LIBERTANDO-SE DOS SABOTADORES PARA UMA AUTOPROMOÇÃO EFICIENTE

Nesta jornada através dos sabotadores que impactam nossa autopromoção, exploramos as muitas formas pelas quais pensamentos e padrões autos sabotadores podem minar nossos esforços. Aprendemos que a insistência excessiva, o controle, a hiper vigilância, a busca incessante pela perfeição e outros sabotadores podem ser obstáculos na promoção de nossos talentos e conquistas. Cada um de nós tem nossos próprios sabotadores, os quais podem se manifestar em diferentes momentos e situações.

No entanto, a chave para uma autopromoção eficaz reside na identificação desses sabotadores e em encontrar maneiras de enfrentá-los. Não se trata de eliminar completamente esses padrões de pensamento, mas de reconhecê-los e gerenciá-los. Às vezes, nossos sabotadores podem até nos fornecer informações úteis; é quando eles assumem o controle em excesso que se tornam prejudiciais.

Ao criar uma consciência em torno de nossos sabotadores, desenvolvemos a capacidade de superá-los e de nos autopromovermos com mais confiança, autenticidade e assertividade. Reconhecemos que somos mais do que nossos pensamentos autos sabotadores, e nossa carreira pode se beneficiar imensamente quando somos capazes de desativar esses obstáculos internos.

A autopromoção consciente e genuína é uma habilidade valiosa que pode abrir portas, impulsionar carreiras e fortalecer relacionamentos profissionais. Compreender e superar nossos sabotadores nos coloca no caminho para uma autopromoção mais eficaz, permitindo que compartilhemos nosso trabalho e conquistas com o mundo de maneira positiva.

Lembre-se, todos nós temos a capacidade de mostrar nosso trabalho de forma autêntica e impactante, desde que estejamos dispostos a enfrentar nossos sabotadores e liberar nosso verdadeiro potencial. Que esta jornada de autodescoberta e autopromoção continue a impulsionar sua carreira para novos patamares de sucesso e realizações. Vamos em frente, promovendo nossos talentos e fazendo a diferença no mundo profissional.

CONSTRUINDO RELACIONAMENTOS AUTÊNTICOS

No mundo profissional contemporâneo, a arte de construir relacionamentos genuínos e praticar um networking autêntico é fundamental para o crescimento e sucesso individual e coletivo. Enquanto a autenticidade e a reciprocidade moldam as bases de interações significativas, é essencial reconhecer que o verdadeiro valor dessas conexões não reside apenas na expansão de nossa rede, mas na profundidade e qualidade das relações estabelecidas. Seja no ambiente de trabalho ou em plataformas digitais, a abordagem centrada no ser humano e no aprendizado mútuo é o que realmente enriquece nossa jornada profissional.

A IMPORTÂNCIA DE CONSTRUIR RELACIONAMENTOS GENUÍNOS NO LOCAL DE TRABALHO

A capacidade de construir relacionamentos genuínos é uma das habilidades mais valiosas que podemos cultivar em nossa vida profissional. Não se trata apenas de networking ou de conhecer as pessoas certas, mas de estabelecer conexões reais, profundas e significativas com colegas, superiores e subordinados.

Estes relacionamentos não são apenas benéficos para o moral. Eles são fundamentais para a colaboração, inovação e crescimento profissional. Quando confiamos e nos sentimos conectados aos colegas, somos mais propensos a compartilhar ideias, dar e receber feedback e trabalhar juntos para superar desafios.

Dale Carnegie, em "Como Fazer Amigos e Influenciar Pessoas", destaca a importância de se relacionar autenticamente com os outros. Mostrar interesse genuíno pelas pessoas e valorizar suas perspectivas e sentimentos pode abrir portas inimagináveis. Se você ainda não teve a oportunidade de ler esta obra, é uma leitura altamente recomendada. Carnegie fornece insights atemporais sobre a arte de se conectar com os outros de maneira profunda e significativa.

Em um ambiente profissional, a construção de relacionamentos sólidos pode ser tão importante quanto as habilidades técnicas. Essas conexões não apenas tornam o dia a dia mais agradável, mas também desempenham um papel fundamental no crescimento da carreira. Aqui estão algumas dicas e perguntas poderosas para ajudar você a construir relacionamentos mais fortes no trabalho:

Esteja Aberto e Disponível: Esteja disposto a se envolver com colegas de trabalho e esteja disponível para conversas informais. Às vezes, as melhores conexões são feitas durante um café rápido ou um almoço.

Mostre Interesse Genuíno: Faça perguntas sobre as pessoas com quem você trabalha, demonstrando um interesse real por suas vidas e carreiras. Pergunte sobre seus projetos atuais, suas paixões ou como estão enfrentando desafios específicos.

Ouça com Atenção: A escuta atenta é uma habilidade fundamental para construir relacionamentos. Certifique-se de que a pessoa com quem você está conversando se sinta ouvida e valorizada.

Compartilhe Experiências: Compartilhe histórias ou experiências relevantes à conversa. Isso ajuda a criar conexões através da identificação mútua.

Seja Empático: Mostre empatia em relação às preocupações e desafios dos outros. Às vezes, uma palavra gentil pode fazer toda a diferença.

Perguntas Poderosas para Cafés ou Almoços:

"Como você chegou nesta posição?"

"Quais são seus objetivos de curto e longo prazo?"

"Quais são os maiores desafios que você enfrentou recentemente no trabalho?"

"Qual foi o projeto mais significativo que você já trabalhou?"

"Como você lida com o equilíbrio entre trabalho e vida pessoal?"

Lembre-se de que a construção de relacionamentos é uma jornada contínua. Quanto mais você investe em conhecer seus colegas de trabalho, mais fortes e valiosas essas conexões se tornam. Portanto, esteja aberto, autêntico e dedicado a cultivar relacionamentos significativos no trabalho.

Construir relacionamentos genuínos no trabalho é mais do que uma estratégia; é uma forma de enriquecer sua experiência profissional e pessoal. Portanto, na próxima vez que interagir com alguém em seu ambiente de trabalho, seja virtual ou presencial, faça um esforço consciente para realmente se conectar. O impacto positivo que isso pode ter é imensurável.

NETWORKING: COMPARTILHANDO E APRENDENDO, NÃO COMPETINDO

Em meio ao cenário implacável dos negócios e da carreira profissional, a palavra "networking" é mais do que um jargão – é uma estratégia essencial. No entanto, a pergunta persiste: o que está por trás dessa palavra tão mencionada? E, mais importante, como podemos dominar a arte de fazer networking de forma genuína e altamente eficaz?

Em um mundo onde a informação flui tão rapidamente quanto os bits através da fibra óptica, a capacidade de construir relacionamentos estratégicos é a chave para abrir portas e garantir oportunidades. Mas não se trata apenas de apertar mãos e trocar cartões de visita; o networking eficaz requer uma compreensão profunda da psicologia humana, do mundo digital e das táticas modernas de comunicação.

Quero explorar as estratégias mais atuais e eficazes para criar, expandir e manter uma rede de contatos valiosa. Discutiremos técnicas de influência, construção de relacionamentos autênticos e o poder das conexões em um mundo cada vez mais interconectado. Prepare-se para desvendar os segredos da conexão, pois o networking nunca foi tão vital para o sucesso profissional como nos dias de hoje.

A Rede Invisível: O Poder do Networking desde os Primórdios da Civilização

Desde o amanhecer da civilização, o ser humano demonstrou um instinto natural para se conectar e criar laços. No cenário atual dos negócios e da carreira, essa rede de relacionamentos é chamada de "networking", uma palavra que ecoa em corredores de escritórios e salas de reunião. Mas essa prática tem raízes profundas na história e desempenhou um papel fundamental em moldar a sociedade como a conhecemos.

Nossos ancestrais perceberam que, ao trabalhar juntos e compartilhar recursos, suas chances de sobrevivência aumentavam exponencialmente. Assim, tribos e comunidades se formaram, marcando o início de uma rede de conexões. Com o passar do tempo, esse networking primitivo evoluiu, dando origem a sistemas de comércio, alianças políticas e relações internacionais complexas. O Homo sapiens prosperou, não apenas por sua capacidade de caçar, mas também por sua capacidade de criar vínculos sociais e colaborar.

Hoje, em um cenário globalizado e altamente competitivo, o networking continua sendo um pilar essencial do sucesso profissional. Embora as ferramentas tenham mudado - de fogos de acampamento para plataformas de mídia social - o cerne permanece o mesmo: a capacidade de criar e manter relacionamentos autênticos. Neste guia, exploraremos como podemos aproveitar o legado de nossos antepassados para criar redes de contatos valiosas e, assim, moldar nosso futuro no mundo dos negócios e da carreira. Prepare-se para embarcar nesta jornada de conexão e descoberta, pois, assim como no início da civilização, a rede invisível continua a ser uma força poderosa que impulsiona a humanidade rumo ao sucesso.

A Troca de Conhecimento como Alicerce do Networking

O mundo dos negócios e da carreira profissional é intrinsecamente baseado em relacionamentos e conexões interpessoais. Muitas vezes, quem você conhece pode ser tão importante quanto o que você sabe. Nesse contexto, o networking desempenha um papel fundamental, permitindo que indivíduos se conectem, colaborem e cresçam juntos. Mas, além de apenas construir uma lista de contatos, o verdadeiro alicerce do networking está na troca de conhecimento.

A troca de conhecimento é uma prática que vai além das simples apresentações e cartões de visita. Envolve compartilhar informações, experiências e insights de forma recíproca. Essa troca cria um ambiente em que todos os envolvidos podem se beneficiar mutuamente, fortalecendo suas habilidades e conhecimentos.

O primeiro passo para estabelecer uma troca de conhecimento eficaz é a autenticidade. É importante que as conexões sejam construídas com base na confiança e no interesse genuíno em aprender e ajudar. Quando a motivação é apenas tirar proveito dos outros, o verdadeiro potencial do networking é desperdiçado.

A troca de conhecimento pode ocorrer de várias maneiras, desde participar de grupos de discussão e eventos do setor até colaborar em projetos e mentorias. Cada interação oferece a oportunidade de aprender algo novo, seja uma habilidade técnica, uma perspectiva diferente ou uma abordagem inovadora.

Além disso, a troca de conhecimento contribui para o crescimento pessoal e profissional. Quando compartilhamos o que sabemos, consolidamos nosso próprio entendimento e reforçamos nossa expertise. Também desenvolvemos habilidades de comunicação e empatia, essenciais em qualquer ambiente de trabalho.

A era digital tornou a troca de conhecimento mais acessível do que nunca. Plataformas online, como fóruns de discussão, redes sociais e comunidades de aprendizado, permitem que profissionais de todo o mundo compartilhem insights e experiências em tempo real. Essas ferramentas ampliam o alcance do networking e abrem portas para novas conexões e oportunidades.

No entanto, vale ressaltar que a troca de conhecimento não é uma rua de mão única. Para realmente colher os benefícios do networking, é fundamental estar disposto a contribuir tanto quanto receber. Esteja pronto para compartilhar seu próprio conhecimento e experiência com os outros. À medida que você se torna um recurso valioso para sua rede, as conexões se fortalecem e se tornam mais significativas.

A troca de conhecimento é o verdadeiro alicerce do networking. Ela não apenas fortalece relacionamentos, mas também impulsiona o crescimento e o desenvolvimento profissional. Ao construir uma rede de contatos baseada na troca recíproca de conhecimento, você investirá em seu próprio sucesso e na criação de uma comunidade colaborativa e enriquecedora. Afinal, no mundo da carreira e dos negócios, o conhecimento compartilhado é poder.

LINKEDIN: A PLATAFORMA DE NETWORKING DIGITAL

No mundo altamente conectado e digital de hoje, o LinkedIn emergiu como uma das ferramentas mais poderosas para profissionais que desejam construir e expandir suas redes de contatos no ambiente corporativo. Neste capítulo, exploraremos porque o LinkedIn se destaca como a plataforma ideal para a construção de networking corporativo, apoiando nossos argumentos com dados sólidos e fontes confiáveis.

O Poder da Rede LinkedIn

Ampla Presença Profissional: O LinkedIn conta com mais de 774 milhões de membros em todo o mundo (Dados atualizados até setembro de 2021). Essa impressionante base de usuários representa uma rica diversidade de setores, níveis de experiência e habilidades. Como resultado, o LinkedIn oferece uma oportunidade única para se conectar com profissionais de praticamente qualquer campo ou setor de atuação (fonte: LinkedIn Newsroom - dados atualizados).

Acessibilidade Global: O LinkedIn está disponível em mais de 24 idiomas, facilitando a conexão com profissionais em todo o mundo. Essa presença global amplia ainda mais o alcance de suas conexões, permitindo que você

estabeleça contatos com colegas internacionais e tenha insights valiosos sobre mercados globais (fonte: LinkedIn Press - dados atualizados).

Recursos do LinkedIn para Networking Corporativo

Pesquisa Avançada de Perfis: O LinkedIn oferece uma pesquisa avançada de perfis, permitindo que você localize profissionais com base em critérios específicos, como localização, cargo atual, setor de atuação, habilidades e muito mais. Isso facilita a identificação e o contato com pessoas chave em seu setor.

Grupos e Comunidades Profissionais: Os grupos e comunidades no LinkedIn reúnem profissionais que compartilham interesses comuns. Participar ativamente dessas comunidades é uma maneira eficaz de construir relacionamentos, compartilhar conhecimento e permanecer atualizado sobre as tendências do setor.

Por que o LinkedIn é a Escolha Certa para a Autopromoção?

Perfil Profissional Sólido: Seu perfil no LinkedIn funciona como um currículo online. É a sua oportunidade de destacar suas conquistas,

experiência e habilidades de forma detalhada. Um perfil bem elaborado é essencial para causar uma ótima primeira impressão e atrair a atenção de colegas e recrutadores (fonte: LinkedIn Blog - dicas de construção de perfil).

Visibilidade e Credibilidade: Compartilhar postagens relevantes, artigos e atualizações regulares de status no LinkedIn demonstra seu conhecimento e interesse em seu campo. Isso ajuda a estabelecer credibilidade e visibilidade perante sua rede profissional.

Conexões e Recomendações: O LinkedIn permite que você se conecte com colegas, mentores e líderes de pensamento em seu setor. Além disso, as recomendações de colegas e supervisores podem validar suas habilidades e realizações, contribuindo para a construção de sua reputação profissional.

O LinkedIn é uma ferramenta poderosa e indispensável para qualquer pessoa que deseje desenvolver seu networking corporativo. Sua ampla presença global, recursos de pesquisa avançada e capacidade de destacar sua marca profissional fazem dele a plataforma ideal para a construção de conexões sólidas e significativas em sua carreira. À medida que continuamos nossa jornada de autopromoção, o LinkedIn se torna um aliado inestimável na busca pelo reconhecimento e pelo sucesso profissional. Portanto, aproveite ao máximo essa plataforma e construa um networking corporativo que o levará ainda mais longe em sua carreira.

O Que Jamais Fazer no LinkedIn: Dicas Cruciais para Evitar Erros Comuns

O LinkedIn é uma das redes sociais mais poderosas quando se trata de construir conexões profissionais e oportunidades de carreira. No entanto, como em qualquer plataforma, existem regras de etiqueta e comportamento que devem ser seguidas para garantir que você crie uma presença sólida e respeitosa. Este artigo destacará o que jamais fazer no LinkedIn e oferecerá dicas valiosas para evitar erros comuns.

Envio de Mensagens Aleatórias ou Genéricas: Uma das maiores armadilhas no LinkedIn é o envio de mensagens em massa ou genéricas a pessoas com quem você não tem um relacionamento estabelecido. Isso inclui pedir conexões ou enviar mensagens solicitando favores sem um contexto relevante. Em vez disso, busque construir relacionamentos genuínos antes de solicitar algo a alguém.

Excesso de Autopromoção: Embora o LinkedIn seja uma plataforma para compartilhar suas realizações profissionais, é importante encontrar o equilíbrio certo. Evite o excesso de

autopromoção constante, pois isso pode afastar suas conexões. Em vez disso, compartilhe informações e conteúdo que agreguem valor aos outros.

Ignorar a Etiqueta ao Comentar: Participar de discussões e comentários é uma ótima maneira de se envolver na comunidade do LinkedIn. No entanto, comentários desrespeitosos, agressivos ou irrelevantes podem prejudicar sua reputação. Sempre siga a etiqueta e seja respeitoso nas interações.

Deixar Seu Perfil Desatualizado: Manter seu perfil desatualizado ou incompleto envia a mensagem errada. Um perfil desatualizado pode sugerir falta de interesse profissional ou falta de profissionalismo.

Certifique-se de manter seu perfil atualizado com suas experiências, habilidades e realizações mais recentes.

Enviar Solicitações de Conexão sem Personalização: Quando você envia solicitações de conexão, adicionar uma mensagem personalizada é uma prática recomendada. Apenas clicar no botão

"Conectar" sem uma mensagem pode parecer impessoal e resultar em menos aceitações de conexões. Dê o passo extra para explicar por que você deseja se conectar.

Não Respeitar a Privacidade das Pessoas: Respeitar a privacidade dos outros é fundamental. Evite postar informações confidenciais ou pessoais sobre outras pessoas sem permissão. Além disso, respeite as configurações de privacidade dos seus contatos.

Não Manter um Tom Profissional: Lembre-se de que o LinkedIn é uma plataforma profissional. Evite discussões políticas, religiosas ou qualquer assunto controverso que possa ser inadequado em um ambiente de trabalho. Mantenha suas interações e conteúdo em um tom profissional e construtivo.

O LinkedIn é uma ferramenta poderosa para construir relacionamentos profissionais e impulsionar sua carreira. Evitar erros comuns ajudará a criar uma presença respeitável. Lembre-se: qualidade supera quantidade, e a etiqueta online é essencial para o sucesso na rede.

NETWORKING NO AMBIENTE DE TRABALHO

Em um mundo onde as redes de contatos desempenham um papel crucial na ascensão profissional, a construção de um networking sólido é uma prioridade para muitos. No entanto, muitas pessoas subestimam a importância das trocas no ambiente de trabalho como base para estabelecer conexões valiosas. Neste artigo, exploraremos como as trocas regulares no ambiente de trabalho podem ser um alicerce essencial para construir um networking sólido.

As Trocas Cotidianas e a Construção de Relacionamentos Profissionais

Nossos ambientes de trabalho são, por natureza, redes complexas de indivíduos interagindo diariamente. Cada reunião, conversa no corredor ou interação em equipe oferece uma oportunidade de troca. Esses momentos cotidianos podem parecer triviais, mas são cruciais para a construção de relacionamentos profissionais duradouros.

Exemplos de Trocas no Ambiente de Trabalho:

Compartilhamento de Experiências: Quando você compartilha suas experiências, desafios e sucessos, está criando oportunidades para que os outros o conheçam melhor. Compartilhar uma história de superação ou um desafio superado pode inspirar e conectar você a colegas que passaram por experiências semelhantes.

Colaboração em Projetos: Trabalhar em projetos em equipe é uma excelente oportunidade para trocas construtivas. Colaborar com colegas não apenas fortalece os laços, mas também permite que você aprenda com a expertise de outras pessoas.

Feedback e Reconhecimento: Ao solicitar feedback sobre seu trabalho ou reconhecer as contribuições dos outros, você está envolvido em uma forma valiosa de troca. Essas interações mostram que você valoriza a opinião dos outros e está disposto a reconhecê-los por suas realizações.

Benefícios das Trocas no Ambiente de Trabalho:

Construção de Conexões Autênticas: A autenticidade é um dos pilares das trocas no ambiente de trabalho. Quando você compartilha suas experiências e opiniões de maneira genuína, as conexões que você constrói são mais sólidas e significativas.

Conhecimento e Aprendizado Constantes: As trocas regulares com colegas de trabalho permitem que você esteja sempre aprendendo e se atualizando. Isso é fundamental em um ambiente profissional em constante evolução.

Oportunidades Profissionais: À medida que você se torna parte da rede de contatos de seus colegas, surgem oportunidades profissionais. Desde novos projetos até indicações para cargos ou oportunidades de desenvolvimento, seu networking pode abrir portas valiosas.

Dicas para Fortalecer Trocas no Ambiente de Trabalho:

Seja Aberto e Disponível: Esteja aberto a conversas e interações, mesmo quando estiver ocupado. Mostre que você valoriza a comunicação com seus colegas.

Compartilhe Histórias Pessoais: Às vezes, compartilhar um pouco sobre sua vida pessoal pode fortalecer conexões. Lembre-se, seus colegas são seres humanos, e a empatia é um fator importante nas trocas.

Pratique a Escuta Ativa: Ouça atentamente o que seus colegas têm a dizer.

Demonstrar interesse genuíno nas opiniões dos outros cria um ambiente propício para a troca.

As trocas no ambiente de trabalho são a base sobre a qual as redes de contatos profissionais sólidas são construídas. Cultive essas interações como parte integrante de sua estratégia de networking, e você verá que a construção de relacionamentos profissionais valiosos ocorre naturalmente. Lembre-se de que cada conversa e cada troca no ambiente de trabalho são oportunidades em potencial para fortalecer sua rede de contatos e impulsionar sua carreira.

Cometendo Erros no Escritório: Evitando Armadilhas para a Construção de Networking

No ambiente de trabalho, a construção de networking é uma habilidade essencial para o sucesso profissional. No entanto, muitas pessoas inadvertidamente cometem erros que podem prejudicar suas conexões e reputação. Aqui estão algumas armadilhas a serem evitadas a todo custo:

Ser um Invasor: Abordar colegas com segundas intenções sem antes construir um relacionamento genuíno é um erro comum. Evite pedir favores ou agendas sem primeiro estabelecer uma base sólida.

Ser Negativo: Reclamar constantemente, fofocar ou difundir negatividade no escritório é um excelente caminho para minar sua rede. As pessoas geralmente evitam associar-se a pessimistas.

Não Cumprir Compromissos: Não cumprir prazos ou promessas pode minar sua reputação de forma rápida. Cumprir o que foi prometido é crucial para a confiança nas relações profissionais.

Ser Desonesto: A honestidade é um pilar da confiança. Mentir ou exagerar suas realizações pode ser prejudicial quando descoberto.

Ignorar Relações Existente: Às vezes, as pessoas ficam tão focadas em construir novas conexões que negligenciam as já existentes. Não subestime a importância de manter e nutrir relacionamentos estabelecidos.

Ser Inflexível: Ser aberto a novas ideias e formas de trabalhar é fundamental no ambiente de trabalho moderno. Ser teimoso e inflexível pode afastar potenciais colaboradores e aliados.

Não Oferecer Ajuda: Networking não é apenas sobre o que você pode obter, mas também sobre o que pode oferecer. Ser alguém que ajuda os outros é uma maneira valiosa de construir relacionamentos duradouros.

Lembre-se, a construção de networking é uma jornada contínua que requer paciência, autenticidade e respeito. Evitar esses erros comuns é um passo essencial para fortalecer sua rede profissional.

A IMPORTÂNCIA DE SER AUTÊNTICO NA COMUNICAÇÃO E RELAÇÕES PROFISSIONAIS

A autenticidade, como princípio fundamental na comunicação e relações profissionais, desempenha um papel crítico na construção de conexões significativas e duradouras. Não se trata apenas de uma palavra da moda, mas de um valor que transcende superficialidades e estabelece bases sólidas para uma carreira e redes de contato bem-sucedidas.

Transparência na Comunicação: A autenticidade na comunicação implica em ser transparente e direto em suas interações. A honestidade na expressão de suas ideias e opiniões demonstra integridade e estabelece a base para confiança mútua. As pessoas tendem a valorizar relacionamentos nos quais se sintam à vontade para compartilhar abertamente.

Interesse Genuíno: A autenticidade também se manifesta por meio do interesse genuíno pelos outros. Quando demonstramos que nos importamos com as necessidades, desejos e preocupações das pessoas com as quais interagimos, construímos relações mais profundas e significativas. Isso não pode ser simulado; deve ser autêntico.

Respeito pelas Diferenças: Parte da autenticidade é respeitar e valorizar as diferenças entre as pessoas. Reconhecemos que cada indivíduo é único, com perspectivas e experiências diferentes. Ser autêntico na aceitação das diferenças promove uma cultura de inclusão e respeito.

Construção de Confiança: A autenticidade é um alicerce fundamental para a construção de confiança. As pessoas confiam em quem são autênticas e previsíveis em suas ações e palavras. Essa confiança é valiosa em todos os aspectos da vida profissional, desde relacionamentos com colegas até parcerias de negócios.

Alinhamento com Valores: Ser autêntico também significa alinhar suas ações e comunicações com seus valores pessoais. Quando vivemos de acordo com nossos princípios, nos sentimos mais confiantes e realizados no trabalho. Além disso, a autenticidade atrai naturalmente pessoas e oportunidades que estão alinhadas com nossa visão de mundo.

A autenticidade na comunicação e relações profissionais é uma via de mão dupla. Não apenas permite que você seja visto como alguém confiável e respeitável, mas também atrai pessoas e oportunidades que compartilham esses valores. Portanto, é mais do que uma tendência passageira; é um princípio que pode transformar sua carreira e redes de contatos em algo mais significativo e gratificante.

COMPLEMENTO A LEITURA

"Como fazer amigos e influenciar pessoas" de Dale Carnegie.

É uma leitura clássica para o desenvolvimento de habilidades sociais e pode ser uma ferramenta valiosa na construção de networking. Ao ensinar princípios de comunicação eficaz, empatia e compreensão das necessidades dos outros, ele fornece um alicerce sólido para estabelecer relacionamentos genuínos e duradouros no mundo corporativo. A capacidade de criar conexões autênticas, ouvir ativamente e influenciar positivamente as pessoas são competências essenciais no âmbito profissional, e este livro oferece insights valiosos para aprimorá-las.

DESAFIO

Durante o próximo mês, reserve um tempo para conversar com um colega de trabalho diferente a cada semana. Inicie uma conversa autêntica, ouça ativamente suas opiniões e compartilhe feedback construtivo.

Como ele te ajuda?

Fomento de Comunicação Aberta: Este desafio incentiva você a criar um ambiente de comunicação aberta no escritório. Iniciar conversas proporciona um espaço para colegas compartilharem ideias, preocupações e feedback.

Prática de Escuta Ativa: Ao ouvir ativamente seus colegas de trabalho, você desenvolve habilidades de escuta que são fundamentais para a compreensão profunda das necessidades e perspectivas de outras pessoas.

Feedback Construtivo: Ao compartilhar feedback construtivo durante essas conversas, você demonstra que valoriza a melhoria contínua. Isso pode ajudar no desenvolvimento pessoal e no aprimoramento do ambiente de trabalho.

Criação de Vínculos: Conversas significativas fortalecem os vínculos entre colegas de trabalho. Esses vínculos podem se transformar em relacionamentos de apoio e colaboração ao longo do tempo.

Troca de Conhecimento: Cada conversa com um colega diferente oferece a oportunidade de trocar conhecimentos e aprender algo novo. Isso pode ser benéfico tanto para sua carreira quanto para a evolução da equipe.

Estabelecimento de Relações de Confiança: Comunicação regular e construtiva ajuda a estabelecer relações de confiança no escritório. Quando os colegas confiam uns nos outros, a colaboração e o trabalho em equipe fluem com mais facilidade.

Fortalecimento da Cultura Organizacional: Essas conversas contribuem para a criação e o fortalecimento de uma cultura organizacional saudável, onde a comunicação eficaz e o apoio mútuo são valorizados.

Lembre-se de que a comunicação é uma habilidade valiosa no ambiente de trabalho e que a prática constante pode levar a resultados significativos. Este desafio não apenas aprimora suas habilidades de comunicação, mas também contribui para o fortalecimento das relações no ambiente profissional.

EVITANDO ARMADILHAS COMUNS

No mundo profissional contemporâneo, a maneira como nos posicionamos e interagimos com colegas e superiores pode moldar significativamente nossa trajetória e reputação. Neste contexto, é vital discernir entre destacar genuinamente as próprias realizações e a prática menos admirável de "puxar saco". Além disso, a integridade e o reconhecimento são pilares centrais, evidenciados pela importância de dar crédito quando é devido. No entanto, enquanto buscamos reconhecimento e crescimento, devemos evitar as armadilhas das comparações negativas, que podem corroer a autoestima e criar ambientes de trabalho tóxicos. Em cada aspecto de nossa vida profissional, desde a apresentação de nossos projetos até a interação diária com colegas, a autenticidade, o respeito e a empatia devem ser os norteadores.

A DIFERENÇA ENTRE DESTACAR SEU TRABALHO E "PUXAR SACO"

No ambiente profissional, é comum querermos que nosso trabalho seja reconhecido e valorizado. No entanto, há uma linha tênue entre destacar genuinamente suas realizações e cair na armadilha de "puxar saco". Entender essa diferença é crucial para manter a integridade e o respeito no local de trabalho.

Destacar seu Trabalho

Destacar seu trabalho significa apresentar suas realizações de forma honesta e transparente. Trata-se de comunicar o valor que você traz para a equipe ou organização, baseado em fatos, resultados e métricas concretas. É sobre ser reconhecido pelo mérito e pela contribuição real que você oferece.

"Puxar Saco"

Por outro lado, "puxar saco" refere-se à prática de tentar ganhar favor ou avançar na carreira através de elogios excessivos, bajulação ou tentando agradar superiores, muitas vezes à custa de colegas. Não se baseia no mérito ou na habilidade, mas sim em tentar impressionar de forma superficial.

A Importância do Equilíbrio

É essencial encontrar um equilíbrio. Enquanto é importante que seu trabalho seja visto e reconhecido, é igualmente crucial garantir que você esteja sendo autêntico e verdadeiro em suas interações. A longo prazo, a integridade e a autenticidade são muito mais valiosas do que qualquer forma de bajulação. Além disso, colegas e superiores geralmente podem discernir entre alguém que está genuinamente destacando suas realizações e alguém que está simplesmente tentando "puxar saco".

Geralmente, nós gestores, sabemos quando um profissional está puxando o saco, e cabe a nós cortarmos esse tipo de atitude para que ela não se prolifere e acabe enraizando no time. Porém, existem pessoas em posição de gestão, que precisam dessa bajulação, minha única dica é: fuja dessa gestão, gestores assim são imaturos, inseguros, egocêntricos e não conseguirão te apoiar no seu desenvolvimento de carreira, porque só conseguem olhar para si.

A IMPORTÂNCIA DE DAR CRÉDITO QUANDO É DEVIDO

Em qualquer ambiente, seja ele acadêmico, profissional ou pessoal, dar crédito quando é devido é uma prática essencial que reflete integridade, respeito e reconhecimento. Mas por que é tão crucial, e quais são as implicações de negligenciar essa prática?

Reconhecimento e Respeito

Dar crédito é uma forma de reconhecer o esforço, a criatividade e a contribuição de alguém. Ao atribuir devidamente o mérito, estamos mostrando respeito pelo trabalho e pela dedicação da pessoa ou equipe envolvida. Isso fortalece os laços de confiança e promove um ambiente de trabalho colaborativo e positivo.

Integridade e Ética

Atribuir crédito corretamente é também uma questão de integridade e ética. Apropriação indevida de ideias ou trabalho de outros é não apenas desonesto, mas também pode levar a consequências profissionais e legais. Manter a integridade em todas as ações cria uma reputação de confiabilidade e honestidade.

Promoção da Inovação e Criatividade

Quando as pessoas sentem que seu trabalho é reconhecido e valorizado, elas são mais propensas a continuar inovando e contribuindo com ideias criativas. Dar crédito incentiva a colaboração e a troca de ideias, sabendo que cada contribuição será devidamente reconhecida.

Evitando Mal-entendidos

Em muitos casos, a falta de atribuição pode ser um simples mal-entendido ou esquecimento. No entanto, as consequências podem ser prejudiciais para os relacionamentos profissionais. Ser diligente em dar crédito ajuda a evitar tais situações e a manter um ambiente harmonioso.

Dar crédito quando é devido não é apenas uma formalidade, mas uma prática que reflete respeito, integridade e valorização do trabalho alheio. Em um mundo cada vez mais colaborativo, reconhecer as contribuições de outros é fundamental para construir relacionamentos sólidos, promover a inovação e manter a ética no centro de todas as ações.

Evitando comparações negativas com colegas.

A natureza humana frequentemente nos leva a fazer comparações. Seja em aspectos pessoais ou profissionais, é comum olharmos para os outros e avaliarmos onde nos encaixamos em relação a eles. No entanto, no ambiente de trabalho, comparações negativas com colegas podem ser prejudiciais e contraproducentes. Vamos entender por que e como evitar cair nessa armadilha.

Os Perigos da Comparação Negativa

Erosão da Autoestima: Comparar-se constantemente com outros pode levar a sentimentos de inadequação ou dúvida sobre suas próprias habilidades.

Ambiente de Trabalho Tóxico: Pode criar um ambiente competitivo não saudável, onde os colegas se veem como adversários em vez de colaboradores.

Perda de Foco: Em vez de se concentrar em suas próprias tarefas e metas, você pode se distrair com o que os outros estão fazendo.

Por que Evitar Comparações Negativas

Individualidade e Unicidade: Cada pessoa tem seu próprio conjunto de habilidades, experiências e trajetórias. O que funciona para um colega pode não ser adequado para você e vice-versa.

Crescimento Pessoal: Em vez de se comparar com os outros, concentre-se em seu próprio crescimento e desenvolvimento. Isso é mais benéfico a longo prazo.

Promove Colaboração: Evitar comparações negativas ajuda a promover um ambiente de trabalho mais colaborativo e de apoio mútuo.

Dicas para Evitar Comparações Negativas

Autoconsciência: Reconheça e entenda seus sentimentos. Se você se pegar fazendo comparações negativas, reflita sobre o motivo.

Celebre Suas Conquistas: Em vez de se concentrar no que você não tem ou não fez, celebre suas próprias conquistas e progressos.

Busque Feedback Construtivo: Em vez de se comparar com os outros, peça feedback de superiores ou colegas para entender como você pode melhorar.

Cultive a Empatia: Lembre-se de que todos têm seus próprios desafios e lutas. Seja compreensivo e apoie seus colegas.

DESAFIO

Escolha um projeto ou tarefa recente e apresente-o a um colega ou mentor, focando em comunicar claramente seu papel e contribuições sem diminuir o trabalho dos outros.

Como ele te ajuda?

Este desafio é uma oportunidade para você praticar a comunicação eficaz no contexto de sua jornada de autopromoção. Ao escolher um projeto ou tarefa recente e apresentá-lo a um colega ou mentor, você está criando uma oportunidade para demonstrar suas habilidades de comunicação de forma clara e empática.

Ao comunicar seu papel e contribuições, evite o excesso de jargões ou linguagem técnica complexa. Em vez disso, concentre-se em transmitir suas realizações de forma simples e acessível. Lembre-se de que seu objetivo não é apenas destacar suas próprias realizações, mas também reconhecer o trabalho dos outros de forma respeitosa.

Praticar esse desafio não apenas aprimorará suas habilidades de comunicação, mas também fortalecerá seus relacionamentos profissionais. A clareza e a empatia são ingredientes essenciais para a construção de conexões sólidas e para garantir que seu trabalho seja reconhecido e valorizado.

Ao completar este desafio, você dará um passo importante em direção à autopromoção eficaz, garantindo que sua mensagem seja transmitida com clareza e que você seja percebido como um profissional colaborativo e consciente das contribuições de todos.

EQUILIBRANDO COMPARTILHAMENTO E DISCRIÇÃO

Em um mundo cada vez mais interconectado e dinâmico, a comunicação e o compartilhamento de informações tornaram-se ferramentas essenciais para o sucesso profissional. No entanto, a maneira como nos comunicamos e compartilhamos conhecimento pode ter implicações profundas, tanto positivas quanto negativas, na cultura organizacional, na produtividade e nas relações interpessoais. Neste contexto, é vital discernir entre a comunicação eficaz e a super comunicação, entender a importância da discrição e reconhecer o poder inerente ao compartilhamento intencional de conhecimento. Ao mergulhar nestes tópicos, buscamos não apenas melhorar nossa capacidade de interagir no ambiente de trabalho, mas também fortalecer a base de confiança, respeito e colaboração entre colegas e equipes.

O QUE É SUPER COMUNICAÇÃO?

A super comunicação refere-se ao excesso de comunicação, seja por meio de e-mails, mensagens, reuniões ou atualizações. É quando a quantidade de comunicação supera o que é realmente necessário ou útil.

A Armadilha da Super Comunicação: Encontre o Equilíbrio

No turbulento cenário de comunicação dos dias atuais, às vezes, menos é mais. A super comunicação, ou seja, o excesso de informações, mensagens e interações, pode se tornar uma armadilha no ambiente de trabalho e minar seus esforços de autopromoção.

Imagine uma caixa de entrada lotada de e-mails, dezenas de mensagens de chat não lidas e uma lista interminável de reuniões virtuais. Em meio a esse dilúvio de comunicações, sua mensagem pode se perder no caos digital, comprometendo sua capacidade de se destacar. A super comunicação também pode exaurir sua energia e atenção, prejudicando sua produtividade.

Na autopromoção, a quantidade não supera a qualidade. Se você está constantemente bombardeando seus colegas com informações e atualizações, pode ser percebido como excessivamente prolixo ou narcisista. Em vez disso, o foco deve estar em compartilhar informações valiosas e relevantes, direcionadas ao público certo.

Este guia irá explorar estratégias para evitar a armadilha da super comunicação, ajudando você a encontrar o equilíbrio certo para se destacar no ambiente de trabalho e na autopromoção. Afinal, em um mundo onde todos têm uma voz, a clareza e a relevância são as chaves para ser ouvido.

Na autopromoção, a quantidade não supera a qualidade. Se você está constantemente bombardeando seus colegas com informações e atualizações, pode ser percebido como excessivamente prolixo ou narcisista. Em vez disso, o foco deve estar em compartilhar informações valiosas e relevantes, direcionadas ao público certo.

Por que a Super comunicação é problemática?

Sobrecarga de Informação: Pode levar a uma inundação de informações, tornando difícil para os membros da equipe discernirem o que é realmente importante.

Redução da Produtividade: Com constantes interrupções e a necessidade de processar uma enxurrada de comunicações, os funcionários podem achar difícil se concentrar nas tarefas em mãos.

Estresse e Esgotamento: Estar constantemente "ligado" e sentir a pressão para responder imediatamente pode levar ao esgotamento.

Diluição da Mensagem: Quando tudo é comunicado, o que é verdadeiramente importante pode se perder no ruído.

Este guia irá explorar estratégias para evitar a armadilha da super comunicação, ajudando você a encontrar o equilíbrio certo para se destacar no ambiente de trabalho e na autopromoção. Afinal, em um mundo onde todos têm uma voz, a clareza e a relevância são as chaves para ser ouvido.

Como Evitar a Armadilha da Super comunicação

Priorize a Comunicação: Antes de enviar uma mensagem ou agendar uma reunião, pergunte-se: "Isso é realmente necessário?".

Use Ferramentas Adequadas: Algumas plataformas, como softwares de gerenciamento de projetos, podem ajudar a organizar e reduzir a comunicação desnecessária.

Estabeleça Limites: Defina momentos específicos para verificar e-mails ou mensagens e tente aderir a eles.

Seja Claro e Conciso: Ao comunicar, seja direto e ao ponto. Isso reduz a necessidade de comunicações de acompanhamento.

Promova uma Cultura de Respeito: Encoraje uma cultura onde o tempo e a atenção dos colegas são respeitados. Isso pode incluir evitar o envio de e-mails fora do horário de trabalho ou reduzir reuniões desnecessárias. Enquanto a comunicação é a espinha dorsal de qualquer organização bem-sucedida, é vital reconhecer quando ela se torna excessiva. Ao estar ciente da armadilha da super comunicação e tomar medidas para evitá-la, as equipes podem trabalhar de forma mais eficiente, reduzir o estresse e garantir que as mensagens realmente importantes não se percam no ruído.

COMPARTILHANDO COM INTENÇÃO

Em um ambiente de trabalho dinâmico e em constante evolução, a capacidade de compartilhar informações e ideias é crucial. No entanto, tão importante quanto o ato de compartilhar é a intenção por trás dele. Compartilhar com intenção não é apenas sobre transmitir informações, mas sobre fazê-lo de uma maneira que seja significativa, relevante e impactante.

Todos nós já estivemos em reuniões em que a informação é compartilhada sem um propósito claro, levando a confusão ou até mesmo a desinteresse. Em contraste, quando compartilhamos com intenção, cada pedaço de informação, cada ideia ou insight, é transmitido com um propósito específico em mente. Pode ser para informar uma equipe sobre mudanças, para inspirar inovação ou para resolver um problema específico.

Mas, como podemos garantir que estamos compartilhando com intenção?

Primeiro, é vital estar claro sobre o que você quer alcançar com a informação que está compartilhando. Isso significa entender o contexto, conhecer seu público e ter clareza sobre a mensagem que deseja transmitir. Em segundo lugar, é importante ser seletivo. Em vez de compartilhar tudo, concentre-se no que é mais relevante e valioso para o momento e para o público. E, finalmente, lembre-se de que compartilhar com intenção é um ato recíproco. Isso significa estar aberto ao feedback, ouvir ativamente e estar disposto a adaptar ou ajustar com base nas necessidades e respostas do público.

Em um mundo onde somos bombardeados com informações de todos os lados, a capacidade de compartilhar com intenção se destaca como uma habilidade essencial. Não se trata apenas de falar, mas de fazer com que cada palavra, cada ideia, tenha um propósito e um impacto. Ao adotar essa abordagem, não apenas melhoramos a qualidade de nossa comunicação, mas também fortalecemos nossos relacionamentos, impulsionamos a inovação e promovemos um ambiente de trabalho mais colaborativo e produtivo.

A FORÇA DA DISCRIÇÃO

Em uma era de compartilhamento constante e exposição nas redes sociais, a discrição pode parecer uma virtude esquecida. No entanto, no mundo profissional, a capacidade de ser discreto e saber quando e o que compartilhar é uma habilidade inestimável. A discrição não é sobre esconder ou reter informações, mas sobre entender o valor da privacidade, da confidencialidade e do momento certo.

A discrição é uma força silenciosa que constrói confiança. Quando colegas, líderes e stakeholders sabem que podem confiar em você para manter informações confidenciais ou para compartilhar detalhes sensíveis com discernimento, você se torna um recurso valioso para a equipe. Além disso, a discrição permite que você controle a narrativa, garantindo que as informações sejam apresentadas no contexto adequado e no momento certo.

Mas, por que a discrição é tão poderosa? Primeiro, ela protege a integridade das informações. Em um mundo onde as notícias se espalham rapidamente, garantir que os detalhes sejam compartilhados de forma responsável pode evitar mal-entendidos ou até mesmo crises. Em segundo lugar, a discrição respeita os limites. Nem todas as informações são destinadas a todos os ouvidos, e reconhecer isso é uma forma de respeitar a privacidade e a autonomia dos outros. Por fim, ser discreto também é uma forma de autopreservação. Ao evitar compartilhar impulsivamente, você pode se proteger de críticas prematuras ou julgamentos apressados.

No entanto, é importante notar que a discrição não significa evitar a comunicação. Pelo contrário, trata-se de comunicar-se com intenção, propósito e consideração. Significa ponderar antes de falar, entender o impacto de suas palavras e escolher o momento e o lugar certos para compartilhar.

Em um mundo onde o compartilhamento excessivo se tornou a norma, a força da discrição se destaca como uma habilidade essencial para navegar no ambiente profissional. Ao abraçar a discrição, não apenas protegemos informações valiosas, mas também construímos confiança, fortalecemos relacionamentos e garantimos que nossa comunicação seja sempre eficaz e impactante.

A IMPORTÂNCIA DE COMPARTILHAR CONHECIMENTO

No cenário profissional contemporâneo, o conhecimento é uma das moedas mais valiosas. No entanto, o verdadeiro valor do conhecimento não reside apenas em possuí-lo, mas em compartilhá-lo. Compartilhar conhecimento é mais do que uma simples transferência de informações; é uma maneira de fortalecer equipes, impulsionar a inovação e criar uma cultura de aprendizado contínuo.

Quando compartilhamos o que sabemos, estamos fazendo mais do que apenas informar; estamos capacitando os outros. Isso permite que as equipes tomem decisões informadas, resolvam problemas de forma mais eficaz e se adaptem rapidamente às mudanças. Além disso, ao disseminar conhecimento, estamos contribuindo para o crescimento profissional de nossos colegas, ajudando-os a desenvolver novas habilidades e a expandir seus horizontes.

Mas a importância de compartilhar conhecimento vai além dos benefícios imediatos. Criar uma cultura onde o compartilhamento de conhecimento é incentivado e valorizado pode ter efeitos duradouros. Isso promove um ambiente onde os funcionários se sentem valorizados, onde suas contribuições são reconhecidas e onde o aprendizado é uma parte integrante

integrante do dia a dia. Isso não apenas aumenta a satisfação e a retenção dos funcionários, mas também torna a organização mais resiliente e adaptável.

No entanto, é essencial abordar o compartilhamento de conhecimento com a mentalidade certa. Não se trata de ganhar reconhecimento ou de se posicionar como um especialista, mas de contribuir genuinamente para o bem maior. Isso requer humildade, abertura e a disposição de aprender com os outros, tanto quanto ensinar.

Mas a importância de compartilhar conhecimento vai além dos benefícios imediatos. Criar uma cultura onde o compartilhamento de conhecimento é incentivado e valorizado pode ter efeitos duradouros. Isso promove um ambiente onde os funcionários se sentem valorizados, onde suas contribuições são reconhecidas e onde o aprendizado é uma parte integrante do dia a dia. Isso não apenas aumenta a satisfação e a retenção dos funcionários, mas também torna a organização mais resiliente e adaptável.

No entanto, é essencial abordar o compartilhamento de conhecimento com a mentalidade certa. Não se trata de ganhar reconhecimento ou de se posicionar como um especialista, mas de contribuir genuinamente para o bem maior. Isso requer humildade, abertura e a disposição de aprender com os outros, tanto quanto ensinar.

Enquanto o conhecimento em si é poderoso, o ato de compartilhá-lo amplifica seu impacto. Ao fazer do compartilhamento de conhecimento uma prática regular, não apenas elevamos a nós mesmos, mas também elevamos aqueles ao nosso redor, fortalecendo toda a organização e criando um legado duradouro de aprendizado e crescimento.

COMPLEMENTO A LEITURA

"Fale Menos, Comunique Mais" de Carla Rocha.

Essa é uma leitura valiosa para quem busca aprimorar a comunicação, especialmente no contexto da autopromoção profissional. Ele oferece dicas práticas para evitar excessos na comunicação, manter o foco em mensagens-chave e aprimorar a clareza e objetividade ao apresentar realizações. Além disso, aborda linguagem corporal, tom de voz e técnicas de persuasão, que são cruciais para comunicar conquistas de maneira confiante e eficaz no ambiente profissional. Este livro é essencial para quem deseja construir sua marca pessoal e obter reconhecimento no mundo dos negócios.

"TED Talks: O guia oficial do TED para falar em público capa" de Chris Anderson.

Essa é uma obra essencial para qualquer pessoa que deseja aprimorar suas habilidades de comunicação e se destacar ao falar em público. Escrito pelo curador do TED, Chris Anderson, este livro oferece insights valiosos sobre como criar e entregar apresentações cativantes e impactantes. Com exemplos reais de TED Talks de sucesso e dicas práticas, Anderson compartilha seu conhecimento sobre como transmitir mensagens de forma envolvente, conectar-se com a audiência e contar histórias memoráveis. Este guia é uma fonte de inspiração para aqueles que desejam se destacar ao compartilhar suas ideias e experiências com o mundo.

DESAFIO

Diário de Compartilhamento: Durante uma semana, anote todas as vezes que você compartilha algo relacionado ao trabalho, seja em reuniões, e-mails ou conversas casuais. Ao final da semana, reflita sobre cada instância: Foi necessário? Foi bem recebido? Havia um propósito claro por trás do compartilhamento? Use essas reflexões para ajustar sua abordagem de comunicação.

Como ele te ajuda?

Este desafio é mais do que apenas uma semana de anotações; é uma oportunidade de autoconhecimento e aprimoramento das suas habilidades de comunicação. Ao registrar cada instância em que compartilha informações relacionadas ao trabalho, você está criando um registro valioso das suas interações diárias.

Autoavaliação: Anotar cada compartilhamento permitirá que você avalie a qualidade e a eficácia da sua comunicação. Você perceberá padrões em suas interações e identificará áreas que podem ser aprimoradas.

Propósito Claro: Ao refletir sobre cada instância, você questionará se havia um propósito claro por trás do que compartilhou. Isso ajudará a direcionar sua comunicação para ser mais relevante e significativa.

Feedback Interno: O desafio o incentivará a se tornar seu próprio crítico construtivo. Ao analisar se suas comunicações foram bem recebidas, você poderá ajustar sua abordagem para se conectar de forma mais eficaz com colegas, superiores e clientes.

A importância desse desafio reside em sua capacidade de moldar a maneira como você compartilha informações e constrói sua imagem profissional. Com base em suas reflexões, você poderá ajustar sua abordagem, tornando-a mais impactante e eficaz. Esse refinamento contínuo da sua comunicação é uma ferramenta valiosa na sua jornada de autopromoção, pois o ajudará a construir relacionamentos sólidos e transmitir sua mensagem com confiança e clareza. Portanto, embarque neste desafio com mente aberta e disposição para aprender e crescer. Suas habilidades de comunicação agradecerão por isso.

O FINAL DE UMA JORNADA, O COMEÇO DE MUITAS HISTÓRIAS

A habilidade de comunicar-se eficazmente e construir relacionamentos autênticos é uma das mais valiosas no mundo profissional. Ela não apenas molda a maneira como somos percebidos, mas também influencia nossa capacidade de colaborar, inovar e crescer em nossas carreiras. Neste contexto, é crucial entender as nuances da comunicação, desde reconhecer o valor do próprio trabalho até compartilhar conhecimento com intenção. Vamos mergulhar em alguns dos aspectos fundamentais dessa arte, explorando as melhores práticas e refletindo sobre como podemos aprimorar continuamente nossas habilidades de apresentação e interação.

TERMINAMOS OU APENAS COMEÇAMOS?

Ao longo de nossa jornada, exploramos diversos aspectos essenciais para aprimorar nossa comunicação e construir relacionamentos autênticos no ambiente profissional. Vamos relembrar os pontos chave que abordamos:

Compreensão e Valorização do Próprio Trabalho: Antes de comunicar o valor do nosso trabalho aos outros, é fundamental reconhecê-lo internamente. Isso nos dá a confiança necessária para apresentar nossas realizações de forma assertiva.

Diferença entre Destacar e "Puxar Saco": Aprender a destacar nosso trabalho de forma genuína, sem cair na armadilha da autopromoção excessiva, é crucial para sermos vistos como profissionais autênticos e confiáveis.

Dar Crédito Quando é Devido: Reconhecer as contribuições dos outros e dar crédito é uma forma de construir confiança e fortalecer laços profissionais.

Evitar Comparações Negativas: Em vez de nos compararmos de forma negativa com os colegas, devemos focar em nosso próprio crescimento e trajetória, celebrando as vitórias individuais e coletivas.

A Armadilha da Super comunicação: Enquanto a comunicação é vital, é essencial evitar o excesso. A chave é compartilhar informações relevantes e valiosas, evitando sobrecarregar os outros com detalhes desnecessários.

Compartilhando com Intenção: Cada interação e comunicação deve ser feita com um propósito claro, garantindo que a mensagem seja recebida e compreendida da maneira desejada.

A Força da Discrição: Em um mundo de compartilhamento constante, saber quando e o que compartilhar é uma habilidade inestimável que constrói confiança.

A Importância de Compartilhar Conhecimento: O verdadeiro valor do conhecimento não está apenas em possuí-lo, mas em compartilhá-lo, fortalecendo equipes e promovendo uma cultura de aprendizado contínuo.

Ao internalizar e aplicar esses pontos chave em nossa rotina profissional, estaremos bem-posicionados para comunicar eficazmente, construir relacionamentos sólidos e autênticos e, finalmente, alcançar o sucesso em nossas carreiras.

Ao longo deste curso, mergulhamos profundamente nas nuances da comunicação eficaz e na construção de relacionamentos autênticos no ambiente de trabalho. Mas, como em qualquer habilidade, a arte da apresentação é uma jornada contínua de aprendizado e aprimoramento.

Cada um de vocês possui um conjunto único de experiências, perspectivas e talentos que trazem valor inestimável para a mesa. No entanto, é essencial lembrar que a comunicação é como um músculo: quanto mais você a pratica, mais forte ela se torna. Portanto, encorajo cada um de vocês a continuar buscando oportunidades para apresentar, seja em reuniões de equipe, conferências ou até mesmo em conversas casuais com colegas.

Não tenha medo de cometer erros ao longo do caminho. Cada desafio, cada feedback e cada experiência são oportunidades de ouro para aprender e crescer. Lembre-se de que a perfeição não é o objetivo; o progresso é. E a cada passo que você dá, a cada apresentação que faz, está se tornando um comunicador mais confiante e eficaz.

Além disso, continue buscando inspiração e aprendizado. Há uma infinidade de recursos, livros, workshops e cursos disponíveis que podem ajudá-lo a aprimorar ainda mais suas habilidades de apresentação. Invista em si mesmo e no seu desenvolvimento contínuo.

Por fim, quero deixar vocês com uma reflexão: a comunicação é uma ferramenta poderosa que tem o potencial de inspirar, motivar e criar mudanças positivas. Portanto, use-a com sabedoria, autenticidade e paixão.

Desejo a você sucesso em suas jornadas de comunicação e espero que continue a brilhar, compartilhando suas ideias e realizações com o mundo. Vamos em frente!

www.ingramcontent.com/pod-product-compliance
Lightning Source LLC
Chambersburg PA
CBHW050105230526
45470CB00004B/1688